HISTOIRE
DE MONTFORT

MONTFORT-SUR-MEU, IMPRIMERIE DE A, AUPETIT.

HISTOIRE

DE

MONTFORT

ET DES ENVIRONS

PAR

F.-L.-E. ORESVE
Recteur de l'Hermitage

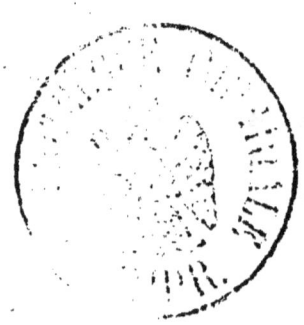

MONTFORT-SUR-MEU

A. AUPETIT, LIBRAIRE-ÉDITEUR

42, Place du Marché aux Grains, 42

1858

Il serait à souhaiter que toutes les localités importantes eussent leur histoire particulière, ce serait un moyen de connaître les événements et les faits qui se sont accomplis autrefois dans chaque pays. L'histoire des peuples anciens et de leurs monuments a pour nous un charme indicible : pourquoi celle de notre ville, de nos aïeux, de nos édifices, si elle était écrite, n'exercerait-elle pas sur notre esprit la même impression ? N'est-il pas naturel de lire avec plaisir les titres de ses ancêtres, de savoir les événements qui ont eu lieu dans sa cité natale et d'avoir l'explication de ces monuments que l'on apperçoit encore et qui sont muets pour nous. L'histoire, en général, parle bien des faits remarquables qui ont eu lieu dans quelques endroits ; mais ces endroits nous sont inconnus pour la plupart, tandis que celle d'un pays désigne les contrées que nous avons parcourues et qui ont par ce motif un plus grand intérêt.

Fondé sur ces raisons, nous allons tracer l'historique de Montfort et de ses environs. Ce pays, qui n'a point encore été décrit, est plein de vieux souvenirs et de faits les plus curieux. Nous ne les citerons pas tous ; ceci demanderait un long travail qui comporterait plusieurs volumes ; mais nous allons donner les choses les plus essentielles et les plus intéressantes. Il est fâcheux qu'il ne se soit pas trouvé une plume plus instruite et plus exercée que la nôtre pour donner une semblable histoire.

Ce livre se ressentira de celui qui l'a écrit. Nous prions donc le lecteur d'être indulgent pour notre médiocrité. Tel qu'il est, puisse-t-il plaire aux amateurs de l'antiquité et satisfaire ceux qui le liront! Nous serons amplement dédommagé des soins qu'il nous a coûtés.

HISTOIRE DE MONTFORT ET DES ENVIRONS.

Notice Chorologique.

Notre péninsule armoricaine était habitée, sous les Gaulois, par plusieurs peuples qui formaient entr'eux des cités distinctes et indépendantes. Chacune d'elles comprenait un territoire plus ou moins étendu et était divisée, dit Jules César dans ses *Commentaires*, par bourgades ou cantons ou familles. Les cantons et bourgades étaient administrés par des magistrats qui rendaient compte au sénat de la cité.

Les Romains, après la conquête des Gaules, ne changèrent rien aux administrations municipales. Ils les laissèrent dans la même forme où ils les avaient trouvées.

Plus tard l'église prit presque partout la même distribution pour établir son gouvernement*. Les diocèses eurent la même étendue que les cités. C'est par là que nous pouvons connaître, à quelque chose près, l'étendue des anciennes villes.

* Conc. chalced. can. xi.

Cité des Curiosolites.

Parmi les cités de notre Armorique, qui plus tard a pris le nom de Petite-Bretagne, nous devons faire mention de celle des Curiosolites, qui seule entre dans notre sujet.

La notice de l'empire, rédigée au commencement du v⁕ siècle, la désigne sous le nom de *civitas Coriosopitum*, mot abrégé de *Coriosolitarum oppidum*. Elle était située à Corseul, près de Dinan. Les Romains y firent de grands travaux dont il reste encore quelques ruines. Plusieurs voies y aboutissaient. Cette localité a été détruite à une époque que nous ignorons.

Les Romains avaient aussi formé un établissement à Aleth, où ils avaient placé un Préfet militaire *Præfectus militum Martensius Aleto*[*]. Cette ville est aussi appelée *Aliud*, sous entendu *oppidum*, ce qui indiquerait qu'Aleth n'était qu'une enclave et une dépendance de la cité des Curiosolites. Aleth est aussi désignée par ces mots latins : *Pagus Alethi*, que l'on a traduit par ceux-ci : Clos-Poulet. Toutes ces citations font assez connaître qu'Aleth n'était dans le principe qu'un canton et une enclave.

Quoiqu'il en soit, saint Malo fixa son siége épiscopal à Aleth vers le vi[e] siècle et prit pour démarcation de son diocèse l'étendue de la cité des Curiosolites. Il faut ou que Corseul n'existât plus alors ou qu'Aleth fût devenu plus considérable, les villes prinipales ayant seules le privilége des siéges épiscopaux[**].

Le gouvernement de ce diocèse fut donc formé sur le modèle de la cité ; et comme deux archidiaconés furent créés, il fallait qu'elle possédât deux cantons. Or, les cantons ayant leurs limites, ils les donnèrent aux archidiaconés. Par leur étendue nous pouvons connaître, jusqu'à un certain point, celle des anciens cantons. Nous disons jusqu'à un certain point,

---

[*] Notitiæ imp.
[**] Conc. sardic. can. xi.

parce que dans le sujet qui nous occupe, il pourrait y avoir une petite difficulté par rapport à Dinan qui fut choisi de préférence à Corseul. Mais si à cette époque Corseul n'existait plus, la difficulté disparaît.

Au reste, cette manière d'arranger les faits peut se déduire de la lecture des antiques conciles*.

---

* Conc. chalced. can. xvj.

Le Poutrécoët.

Parmi les cantons des Curiosolites, nous citerons seulement celui du Poutrécoët, ainsi désigné par le cartulaire de Redon, au ix° siècle. Le Poutrécoët se tire de trois mots celtiques que le même cartulaire a traduit ainsi en latin : *Pagus trans sylvam*, canton au-delà de la forêt. C'est de celle de Brécilien ou de Paimpont dont il est ici question. Les peuples qui demeuraient aux environs, de quelque côté qu'ils se trouvassent, étaient dans le Poutrécoët. Il faut donc expliquer ainsi ce nom, puisque Talensac, Plélan, Caro, Augan, Ménéac et Saint-Méen étaient dans le Poutrécoët, quoique ces localités soient à l'est, au sud, à l'ouest et au nord de la forêt. On disait aussi par abréviation le Trécoët. Comme ce nom était dur de prononciation, on finit par l'appeler le Porhoët.

Si l'archidiaconé connu sous le nom de Porhoët comprenait, comme nous le pensons, tout le canton du Poutrécoët, voici à quelque chose près, l'étendue de ses limites*.

En partant, à l'est, de la rivière du Meu, prise au moulin du Châtellier, sous Talensac, nous suivrons cette rivière jusqu'au château de Blossac, où elle a son embouchure avec la Vilaine, jusqu'à Saint-Malo de Philis ; là nous la quitterons pour suivre une ligne par les confins des paroisses de Lieuron, Pipriac, Bruc, Saint-Séglin, Comblessac, Réminiac, Caro, Saint-Abraham, Ploërmel, Taupon, Josselin, Pomeleuc, La Nouée, Mohon, La Trinité, Ménéac, Gomené, Merdrignac, Trémorel, Quédillac, Miniac, Irodouër, Romillé, Clayes, Breteil, et nous nous rendrons au point d'où nous sommes partis, c'est-à-dire au moulin du Châtellier sous Talensac.

* Stat. syn. maclov.

Domaine Royal.

Ce pays faisait partie du domaine privé des anciens rois de Bretagne. Il était alors riche et peuplé. Voilà ce qui explique les sillons que l'on voit dans nos landes aujourd'hui incultes ; mais il fut pillé, ruiné et incendié par les Normands, au commencement du x° siècle[*], il ne s'est jamais relevé de ses ruines. Le séjour des rois l'avait rendu très-florissant[**].

[*] Art. Brit. t. 1.
[**] Act. Bret. t. 1, passim.

Châteaux Royaux.

Parmi les maisons seigneuriales dont l'histoire a conservé le nom, nous n'allons parler que de celles qu'il nous intéresse le plus de connaître :

1° Le château de Gaël, dont la construction remonte aux premiers temps de la monarchie bretonne, était quelque fois habité par Juthaël ou Hoël, troisième du nom, roi de Bretagne mort en 595. Ce prince, à cause du séjour qu'il y fit, est appelé dans une vieille légende roi des bois *rex arboretanus**. Judicaël, son fils et son successeur, y habitait aussi avec Morone, son épouse. Des historiens ont voulu en faire la capitale du royaume de Domnonée.

* Alb.

2° Le château de Talensac était situé au Châtellier et devait être fortifié, si nous en jugeons par les doubles enceintes de fossés dont on aperçoit encore les ruines. Il paraît que la rivière du Meu formait un étang au nord de cette résidence. Le roi Érispoë y tenait parfois sa cour. Nous avons un acte de donation daté de ce lieu dont voici la traduction française :
« Moi, Érispoë, prince de la Bretagne, jus-
« qu'au fleuve de Mayenne, ai donné à Saint-
« Sauveur deux rentes nommées Moi et Agu-
« liac, dans la paroisse de Fougerai, sur la
« rivière du Cher, etc. Fait dans le palais de
« Talensac, le mardi du dix des calendes de
« septembre, sous le règne du roi Charles et
« sous Érispoë, donateur, qui domine dans
« toute la Bretagne jusqu'au fleuve de la
« Mayenne. Signé : Érispoë, Marmoët, etc.,
« Courantgène, Convoion, abbé.*» Quelques princes de Bretagne, à la tête desquels se trouvait Salomon, son cousin germain, conspirèrent contre lui et vinrent l'attaquer dans son château. S'étant esquivé et réfugié dans l'église, les conjurés l'y poursuivirent et son parent le poignarda lorsqu'il tenait l'autel embrassé. C'est

* Cart. Roton.

ainsi que périt, en 857, dans le temple de Talensac*, ce prince digne d'un meilleur sort. Érispoë n'avait plus qu'une fille qu'il avait promise en mariage au fils du roi de France ; voilà la cause de sa mort : la raison d'État, l'indépendance de la Bretagne.

3° Le château de Plélan était situé où est aujourd'hui Maxent et s'élevait non pas à la place du bourg actuel, mais à peu de distance, au sud-ouest, à l'endroit nommé Préroué ou Pléloué, où l'on voit encore des fossés. Ce château fut offert aux moines de Redon par Salomon qui leur bâtit, en ce lieu, un monastère auquel il donna son nom. L'acte de fondation que nous rapportons plus loin, a été rédigé en 869, et mentionne que le donateur y choisit sa sépulture. La reine Wenbrit (Blanche de Bretagne), épouse de ce roi, mourut quelque temps avant l'achèvement de ce couvent. Ses obsèques eurent néanmoins lieu dans son église. Vers la même époque, saint Convoion, premier abbé de Redon, cessa de vivre aussi à Plélan et fut honorablement enseveli par Ratuili, évêque d'Aleth, dans le temple de son nouveau monastère**.

* C'est l'opinion la plus plausible.
** Art. B. t. 1.

En 874, Salomon lui-même qui avait assassiné Érispoë subit à son tour le même sort par son gendre et celui d'Érispoë : Gurvant et Pasqueten. Les annalistes ont confondu Salomon troisième et dernier du nom avec Salomon premier, martyrisé à Ploudiri, près Brest. Pour débrouiller ce cahos, voici, avec l'aide de quelques inductions, ce qui semble le plus probable.

Salomon, le dernier du nom, après avoir abandonné son palais de Plélan aux moines de Redon, en bâtit un autre au Gué de Plélan*, pour être plus à proximité de profiter de leurs prières. Il donna des droits et des priviléges à ceux qui viendraient se fixer auprès de son palais et notamment celui de foire et de marché. C'est dans ce lieu qu'on vint l'attaquer; il se sauva et se réfugia dans l'église du monastère de Plélan, qui a retenu le nom de Maxent à cause du corps de ce saint qui y a été transporté. C'est là qu'il fut assassiné et inhumé : *ubi et Salomon supradictus jacet corpore***. On voit des français figurer dans ce meurtre. Ceux qui prétendent que la mort de Salomon fut conjurée parce qu'il voulait rétablir les évêques dépos-

* Voy. Alb. l. g. et le cartulaire de Redon.
** Cart. Rot.

sédés par Nominoë, avancent un fait qui n'est pas hors de doute. Pourquoi d'ailleurs prendre tant d'intérêt à des évêques convaincus à Rome, par leurs propres aveux, du crime de simonie? Nominoë eut tort sans doute; mais Childebert est-il plus excusable d'avoir établi Paul Aurélien, de son autorité privée, évêque de Léon? Au reste, le vrai motif de la mort de Salomon est inconnu. Les moines de Redon, dont l'esprit est français et non breton, et qui, ce nous semble, devaient quelque regret à un aussi grand bienfaiteur et pouvaient nous en apprendre quelque chose, ont gardé sur cette catastrophe un morne silence*.

Il y avait plusieurs autres châteaux dans le Poutrécoët. Celui de Primeville était situé à Comblessac. Le roi Eusèbe y tomba malade et fut guéri par les prières de saint Mélaine, évêque de Rennes**. Celui de Coit-Louth, d'où Nominoë convoqua les évêques simoniaques***, était sans doute à Augan. C'est au château de Cample ou Campel que Salomon signa le privilége du monastère de Redon pour l'élection de

* Tiré des act. de Bret. et du cart. de Red.
** Vit. S. Mel.
*** Cart. Rot

ses abbés. Celui de Bicloën ou Bidoën était situé à Saint-Malo de Baignon*. C'est dans ce lieu que Roiant-Dreh, princesse de Bretagne, issue de saint Judicaël, adopta Salomon pour son fils et lui transporta tous ses biens. Tout porte à croire que le château de Botcatur est le même que celui de Coëtbo, en Guer, où Salomon fit, pour la santé de Wenbrit, son épouse, la donation d'une certaine quantité de terre appelée Raninislowen**. De celui de Bedul-Champ, il donna encore, en 860, une charte pour le monastère de Prum***, dans les Ardennes. Il est difficile d'assigner l'emplacement de ce château. Le nom de Bedul a beaucoup de rapport à Bedusc qui est Bédée. L'endroit qu'on nomme Saint-Pierre de Bédée, où l'on voit des fossés, une motte et plusieurs restes de murs, serait-il le lieu où s'élevait le château de Bedul ? C'est ce qu'il est impossible d'affirmer, quoique cela paraisse bien probable.

* Cart. Rot.
** Id.
*** Act. Brit. t. 1.

Légende de saint Judicaël.

Saint Judicaël, fils de Juthaël, roi de Bretagne, et de la belle Pritelle, était un monarque preux, guerrier dans l'occasion ; il se distingua surtout par sa piété et sa bienfaisance. Dans la solitude il était un religieux très-mortifié et très-pénitent.

Juthaël étant à la chasse dans le pays de Léon entra fort fatigué dans le château de Ausoch, comte ou prince de la contrée, pour s'y reposer. Ausoch était absent. Il n'y avait à la maison que Pritelle sa fille, qui reçut cet étranger (car elle ne le connaissait pas) avec une grande politesse et une grande civilité. Ausoch étant de retour fut ravi d'admiration de trouver le roi dans sa maison. On lui prépara un souper que

Pritelle servit avec beaucoup de grâce. Après ce repas, on le conduisit dans l'appartement où il devait coucher. Voici le songe qu'il eût pendant son sommeil : (1)

« Juthaël vit en songe une montagne très-
« élevée placée au milieu de son pays de Bre-
« tagne, dont le sentier qui y conduisait était
« difficile à trouver : là, sur le sommet de cette
« éminence, assis sur un trône d'ivoire, il
« voyait devant lui un poteau élevé, d'une
« prodigieuse grandeur, en forme d'une co-
« lonne ronde, qui avait la base en terre et
« dont la pointe s'élevait vers le ciel avec des
« rameaux.

« La première moitié de la colonne était de
« fer et brillante comme de l'étain très-poli et
« éblouissant, après laquelle tout autour étaient
« fichés et attachés des clous de fer recourbés
« où étaient suspendus des cuirasses, des cas-
« ques, des hauberts, des carquois pleins de
« flèches, des glaives, des épées, des lances,
« des javelots, des dards, des freins, des selles,
« des mors, des trompettes et des boucliers.

« L'autre partie de la colonne qui s'élevait
« vers le ciel était d'or et brillante comme une
« auréole angélique. Tout autour étaient fixés

« et entrés des clous d'or recourbés, supportant
« des candélabres, des encensoirs, des flam-
« beaux, des étoles, des calices et des Évan-
« giles.

« A cette vue se mettant en prières, tout le
« ciel s'ouvrit, et il vit aussitôt auprès de lui
« la fille d'Ausoch, la très-belle Pritelle qui,
« se hâtant d'une manière soumise, le salua en
« lui disant : Je vous salue, chef Juthaël,
« comme il a été réglé par le Créateur admi-
« rable que vous vinssiez ici pour voir ces
« choses qui sont à moi : cette colonne avec
« tous ses ornements doit m'être livrée pen-
« dant quelque temps pour en être la gardienne,
« par vous et non par un autre à moi et non à
« une autre. Et lorsqu'elle eût proféré ces pa-
« roles le ciel se ferma.

« Juthaël se réveilla et se levant le matin,
« commença à réfléchir mûrement et à s'émer-
« veiller de cette vision.

« Il envoya aussitôt un fidèle serviteur dans
« la province de Warroc (Vannes), au lieu
« de Saint-Gildas (presqu'île de Rhuys), vers
« Taliosin, devin en pèlerinage dans cette ré-
« gion, exilé d'outre-mer, qui par ses prestiges
« était très-savant dans l'art de deviner, et

« par des paroles merveilleuses prédisait les
« vies fortunées ou infortunées des hommes. Le
« serviteur le consulta, lui adressant cette sim-
« ple prière que Juthaël lui avait prescrite, en
« disant : Très-bon interprète des conjectures,
« voyez et examinez ce songe surprenant que
« j'ai narré à plusieurs et dont personne n'a
« pu me donner l'explication. L'envoyé ra-
« conta en entier la vision de Juthaël, son
« maître, touchant la colonne et ses ornements,
« à Taliosin, comme il a été rapporté ci-dessus.
« Alors Taliosin lui répondit : Le songe que
« j'entends est admirable, il signifie et présage
« une chose merveilleuse ; c'est-à-dire Juthaël,
« votre maître, est assis et règne bon et heu-
« reux dans ses États, et de la fille de Au-
« soch il aura un fils qui sera meilleur que
« lui et sera beaucoup plus heureux dans
« le royaume d'ici-bas et celui du ciel. De
« ce fils, Dieu fera sortir les enfants les
« plus courageux de toute la nation bretonne
« qui, à leur tour, enfanteront des comtes
« royaux et des prêtres qui seront bienheureux
« dans le ciel, auxquels obéiront et serviront
« les successeurs du gouvernement du père par
« tout le pays, depuis le plus petit jusqu'au
« plus grand. Le fils, le premier né, dont il est

« parlé, aura beaucoup de succès dans les
« combats de la terre et plus encore dans la
« milice céleste, car son commencement sera
« séculier et sa fin dans l'ordre religieux.
« Laïc il combattra dans le siècle et clerc il
« servira Dieu.

« Or Juthaël, comte royal, après avoir reçu
« parole, en conçut une grande joie. Il aima
« plus que jamais Pritelle qui renfermait en
« elle-même l'objet de cette ingénue vision. Et
« comme un amant distingué, dans la fleur de
« l'âge, il la demanda à ses parents et l'épousa
« avec la bénédiction et la permission de la fa-
« mille. Lorsque Juthaël l'eût connue, il en
« eut d'elle un fils.

« Quand le temps des couches fut arrivé,
« il dit : Portez cet enfant au saint prêtre de
« Dieu nommé Goednonus, qui lui servira de
« parrain, et là circoncis de cœur, il sera bap-
« tisé et levé des saints fonts par ce parrain
« désigné, comme il me l'a été révélé dans la
« sainte vision. Et il sera nommé Judicaël, fils
« de Juthaël.

« Juthaël ayant payé le tribut à la mort,
« Judicaël, issu de parents illustres, mais en-
« core plus illustre lui-même, succéda à son

« père sur le trône royal, conservant la vertu
« de l'humilité, quoiqu'il fût élevé au comble
« des honneurs.......

« Judicaël ayant en main le sceptre de la
« toute-puissance, n'exerça point un pou-
« voir tyrannique. Contrairement à l'usage
« des très-mauvais princes, il cultiva sans cesse
« religieusement la piété et l'équité. Il se
« montra indulgent et toujours prêt à accorder
« pardon à ceux de ses soldats qui le sollici-
« taient. Mais on vit continuellement paraître
« en lui la terreur et la menace lorsqu'il s'agis-
« sait de résister aux orgueilleux et aux arro-
« gants. Il était ferme contre toute espèce de
« personnes qui voulaient pervertir la justice.
« Quoiqu'il fût très-occupé par les embarras
« du gouvernement, il trouvait cependant le
« temps d'entendre la parole de Dieu............

« Mais ce même Judicaël, peu de jours
« après son avènement au pouvoir, se fit cou-
« per les cheveux et entra dans le clergé. Ce-
« pendant il ne persévéra pas dans ce zèle de
« dévotion, car on rapporte qu'il laissa croître
« sa chevelure et reprit l'habit laïc...............

« A l'époque où Dagobert, roi des Français,
« et Judicaël, roi des Bretons-Armoricains, ré-
« gnaient, et que chacun d'eux jouissait sépa-

« rément de son royaume avec honneur et
« liberté, il s'éleva une contestation relative
« aux droits royaux de la Bretagne que Dago-
« bert s'efforçait d'usurper.......

« Judicaël conduisit son armée dans le
« Maine et commença par ravager entièrement
« ce pays.

« Éloi, prié par le roi de France d'aller en
« ambassade dans les États de Bretagne, vint
« trouver le prince de ce pays, lui déclara les
« causes du traité qu'il venait proposer, reçut
« un ôtage de la paix, et pendant qu'on s'ima-
« ginait que les grands démêlés survenus entre
« eux amèneraient infailliblement de part et
« d'autre une déclaration de guerre, Dagobert
« gagna Judicaël avec tant d'honnêteté, de mé-
« nagement et de douceur qu'il n'eût pas de peine
« à le persuader de venir avec lui. Cet ambas-
« sadeur après avoir passé quelque temps en
« ce lieu, retourna en France, amenant avec
« lui le roi suivi d'une grande troupe composée
« de ses parents, le présenta à Dagobert, à
« Crioil, dans la villa des rois de France, et
« confirmèrent entre eux l'alliance et la paix.
« Judicaël fit de grands présents à Dagobert
« et en reçut de bien plus considérables ; puis
« il revint dans son pays.

« Une nuit, le roi Judicaël revenant d'une
« expédition avec sa cavalerie, arriva à une
« rivière prête à déborder dont le cours était
« très-rapide et qu'il fallait absolument tra-
« verser. Il laissa passer tous ses soldats et resta
« le dernier avec quelques-uns de ses gens.
« Sur le bord de cette rivière se tenait un lé-
« preux qui, à la vérité, était Jésus-Christ,
« dont les motifs puissants l'avaient déterminé
« à se montrer sous cette forme, car il voulait
« ainsi combler d'honneur son serviteur, afin
« que celui qui avait pris soin de ses membres
« ne doutât point qu'il l'avait reçu. Lors donc
« que tous eurent franchi la rivière sans lui
« prêter secours, Judicaël resté le dernier, s'ap-
« procha et l'embrassa, puis le prenant aussitôt
« dans ses bras il le monta sur son cheval et le
« transporta au-delà du cours d'eau. Après
« cette action le lépreux disparut et une voix
« dans les airs se fit entendre en s'exprimant
« ainsi : Vous êtes heureux, Judicaël, et
« comme vous m'avez élevé dans le monde
« parmi les hommes, je vous éléverai dans
« les cieux au milieu des anges, parce que
« vous n'avez point refusé de me recevoir
« sous la forme d'un pauvre et que je n'ai pas
« eu horreur, pour mettre le comble à la gloire

« de me montrer à vous sous l'habit d'un es-
« clave.......

« Judicaël, l'heureux serviteur de Jésus-
« Christ, après avoir entendu cette voix divine,
« se sentit animé d'un zèle plus fervent et par
« une ferme résolution arrêta que désormais
« rien ne pourrait plus le retenir dans le siècle
« où il craignait d'être ébranlé par le vent
« d'une vie orageuse.......

« En conséquence il alla trouver un nommé
« Caroth pour le consulter sur cette affaire.
« Celui-ci l'exhorta, par les plus salutaires
« avis, à se démettre du royaume de ce
« monde en lui disant qu'il avait un frère
« nommé Judoc qui pourrait très-bien gouver-
« ner ses États. Mais Judoc, le béni du Seigneur,
« qui avait dessein de prendre un autre parti,
« demanda un délai de huit jours.......

« Judicaël, dont l'esprit était à Dieu, fut
« reçu avec tous les sentiments de vénération
« qui lui étaient dûs, par le bienheureux Méen
« qui vivait encore et dont les vertus religieuses
« jetaient en ce temps-là un grand éclat auprès
« de Dieu et des hommes. C'est pourquoi Judi-
« caël se dépouillant des biens qui lui étaient
« propres, les distribua aux pauvres et aux

« usages des frères qui demeuraient dans le
« monastère, afin que libre et débarrassé de
« toutes les affaires séculières, il soumit hum-
« blement sa personne au joug de l'obéissance.
« Et celui qui, comme un maître, avait aupa-
« ravant dicté des lois à un peuple innombrable,
« devenu maintenant disciple, écoute avec re-
« cueillement les ordres de son chef.

« Lorsque Dieu, le dispensateur de toutes
« choses, eut déterminé la glorieuse fin de son
« soldat, le bienheureux Judicaël, et qu'il lui
« eût destiné pour récompense la couronne
« royale, connaissant la volonté divine et
« n'ignorant pas que son dernier moment était
« arrivé, cet homme catholique, s'appuyant de
« tout son esprit sur le véritable amour, con-
« voqua tous ses frères à se réunir autour de
« lui et se recommanda dévotement à leurs
« prières. Là étaient présents plusieurs reli-
« gieux parmi lesquels figurait Leoc Laumorin,
« glorieux confesseur du Seigneur, et qui avait
« été surtout invité par le bienheureux Judi-
« caël, auquel il donna l'hostie de la commu-
« nion, c'est-à-dire le saint viatique du corps et
« du sang du Seigneur. Cette sainte âme munie
« de pareils secours, sortit de son enveloppe

« vers l'heure de minuit, le dimanche avant la
« Nativité de Notre-Seigneur Jésus-Christ,
« c'est-à-dire dans la nuit du seize au dix-sept
« décembre ; elle fut remise entre les mains des
« anges qui l'ornèrent d'une auréole de gloire.
« C'est ainsi qu'elle reposa dans la paix et se
« réunit à Dieu, but de ses aspirations.

« A la nouvelle de sa mort, une population
« immense accourut des différentes parties de
« la Bretagne. Les premiers arrivés furent em-
« ployés à garder le corps du saint en chantant
« des hymnes lugubres à son intention. Les
« trois ordres de l'État se réunirent ensuite
« pour honorer, de trois manières différentes
« et uniquement, celui qui avait adoré en Dieu
« seul, avec tant de ferveur, les trois personnes
« augustes de la Sainte-Trinité. Là se trouvè-
« rent aussi les évêques avec leurs clercs, l'abbé
« avec ses moines, des laïcs nobles et roturiers,
« puis le cortége des fils et petits-fils du défunt,
« avec leurs parents, amis et vassaux ; puis
« enfin les pauvres, les veuves et les orphelins
« versant des pleurs et faisant retentir les airs
« de leurs gémissements.

« Après les cérémonies de l'enterrement ou
« plutôt les triomphes funèbres, le corps du
« saint confesseur fut inhumé à Saint-Méen. »

Charte de Fondation du monastère de Salomon, situé à Plélau.

La Petite-Bretagne a eu des rois, n'en déplaise aux historiens français et à leurs partisans.

Les Bretons ont été chrétiens plusieurs siècles avant les Francs. Ils ont occupé l'Armorique, maintenant la Petite-Bretagne, avant que les Francs eussent formé leur établissement dans les Gaules.

Salomon, le troisième du nom, et dernier roi de Bretagne, a régné de 857 à 874; c'est lui qui a fondé le couvent dont il est question.

Voici la traduction et non le mot à mot de cette dotation. Nous l'avons extrait du cartulaire de Redon : (2)

Au nom de la Sainte et indivisible Trinité,

Salomon, par la grâce de Dieu, prince de toute la Bretagne et d'une grande partie des Gaules,

Qu'il parvienne à la connaissance de tous les évêques, de tous les prêtres, de tout le clergé, de tous les comtes, des très-nobles chefs, des très-vaillants soldats et de tous ceux qui sont soumis à notre puissance en Bretagne, que le révérend Ritcand, abbé de Redon, accompagné de quelques-uns de ses moines, portant cependant avec lui la pétition de tous les autres moines, est venu se présenter devant nous, dans mon monastère qui est en Plélan où j'avais un palais dans lequel je tenais ma cour.

Les Normands portant la dévastation dans l'abbaye de Redon, l'abbé Convoion muni de la prière de ses frères, vint à plusieurs reprises nous demander, pour lui et les siens, un refuge contre ce peuple. Il s'adressa donc à nous et à Guenvret notre vénérable épouse. Nous lui octroyâmes sa demande en lui donnant non seulement notre susdit palais, mais encore en lui faisant construire dans le même lieu, de nos fonds publics, un couvent honorable à la gloire de saint Sauveur, pour servir d'asile aux susdits religieux et mériter l'héritage céleste, racheter nos âmes, afin d'obtenir la prospérité présente et perpétuelle de notre race et la stabilité ferme et paisible de tout notre royaume ainsi que de la totalité de nos fidèles sujets. Nous voulûmes que ce lieu fût nommé le Monastère de Salomon.

Dans l'église de cette communauté a été enterré le corps du très-révérend abbé Convoion. Là repose aussi Guenvret, notre vénérable épouse, qui y a reçu une sépulture digne. Si la très-pieuse clémence de Dieu daigne me le permettre, j'ai choisi avec l'avis des nobles, tant prêtres que laïcs de la Bretagne, cet endroit pour y être inhumé.

En faveur de l'accroissement de la fidélité et de la paix dans tous mes États, j'ai fait placer en ce lieu le corps de saint Maxent qui est le regret de l'Aquitaine, la lumière, la louange et l'honneur de la Bretagne. Par un événement extraordinaire, ce présent de Dieu inappréciable nous a été transmis il y a déjà quelque temps.

Je suis venu à Plélan pour prier saint Sauveur et le vénérable saint Maxent, le 15 des calendes de mai, jour de la Résurrection de Notre Sauveur, et j'ai offert avec ma personne, autant qu'il m'a plu, quelques dons tirés de notre trésor, pour le règne de Dieu, la rédemption de notre âme et la stabilité de notre royaume.

Je les ai donnés à saint Sauveur, à saint Maxent et aux susdits moines. Voici ces présents : un calice d'or affiné, merveilleusement travaillé, orné de trois cent treize pierres précieuses pesant dix livres et un solide, avec sa patène d'or ornée de cent quarante-cinq pierres précieuses du poids de sept livres et demie ; un texte des Évangiles, avec un écrin d'or admirablement fabriqué d'une pesanteur de cinq livres, orné de cent vingt diamants ; une grande croix d'une façon surprenante, du poids de vingt-trois livres et enrichie de trois cent soixante-dix pierres d'un très-grand prix ; un écrin en ivoire d'Inde, merveilleusement sculpté (et ce qui a plus de prix que tout cela) rempli des reliques de saints d'une très-grande renommée ; une chasuble couverte d'or à l'extérieur par intervalles, que mon compère le très-pieux roi Charles m'a envoyée comme un grand présent. Un voile vaste pour couvrir le corps de saint Maxent est le comble du merveilleux. Cependant, par la Providence de Dieu et par la vertu de saint Maxent, son Évangile, revêtu d'ivoire de Paros et couvert d'or, fut envoyé en Bretagne avant lui ; également aussi un livre des sacrements recouvert d'ivoire d'Inde qui lui avait appartenu ; un autre livre orné en dedans et en dehors d'argent et d'or, contenant la vie de saint Maxent en prose et en vers ainsi que celle de saint Léger, martyr. Excepté les autres présents que j'avais fait auparavant, c'est-à-dire un autel orné d'argent et d'or ; une croix argentée d'un côté et de l'autre une image du Sauveur garnie d'or fin et de pierres précieuses ; une autre croix plus petite aussi couverte d'or et de diamants ; deux vêtements sacerdotaux faits de pourpre d'un très-grand prix ; et enfin trois cloches d'une admirable grandeur.

Ce même jour, c'est-à-dire le jour de Pâques, le susdit abbé Ritcand venant avec ses moines, nous demanda que tous les présents faits par nous et nos prédécesseurs, c'est-à-dire Nominoë et Érispoë, ainsi que ceux de mes bons et nobles hommes qui ont donné chacun selon leurs moyens, et donneront dans la suite à Saint-Sauveur, aux moines des monastères de Redon et de Plélan, qui font le service de Dieu suivant la règle de saint Benoît, nous daignions les recevoir sous notre protection royale, et que pour cela nous serions fait participant, sans exception, dans toutes les aumônes.

Il demanda, en outre, que tous les hommes, serfs ou libres, demeurant sur leurs terres, toutes les prairies, forêts et eaux que l'abbaye de

Saint-Sauveur recevait dans notre domaine, nous les leur accordions pour récompense au centuple de la vie éternelle.

Favorisant leur pétition, avec l'avis de nos nobles, nous leur remettons tout et entièrement ce que l'abbaye devait à moi et à mes hommes, tant pour la nourriture des chevaux et des chiens que des corvées et de toute redevance, en considération du règne de Dieu, afin d'obtenir la rédemption de mon âme et celle de mes parents, de mes fils, et enfin la stabilité du royaume de Bretagne. Je donne aussi et transmets de mon domaine en leur pouvoir tout ce qui ensuite était perçu en faveur de notre utilité, pour servir aux usages et appointements des frères, et que les moines aient plus de plaisir à prier la miséricorde divine avec joie et dévotion en échange de notre salut et de celui du peuple chrétien. Et pour qu'à dater de ce jour personne ne présume les inquiéter sur cette affaire, nous interdisons, statuons et ordonnons que, dans le temps présent et à venir, toute cause ou plainte n'ayant pas été agitée pendant la vie de l'abbé Convoion, touchant leurs biens amortis, pour ou contre leurs hommes, ne soit jamais agitée. Nous ordonnons également que leurs habitants exerçant le négoce sur terre, sur mer ou les fleuves, soient exempts de tous droits de passage, impôts et contribution quelconque ; mais que le tout profite à l'avantage et pour l'utilité des susdits moines.

Ceci a été fait dans le canton nommé, au-delà de la forêt, chez le peuple appelé Laan, dans le monastère de Salomon, le 15 des calendes de mai, première férie, lune première, indiction deuxième, année de l'Incarnation du Seigneur 869.

Signé : Salomon, prince de toute la Bretagne, donateur, et qui a fait confirmer ce présent. Les témoins sont : l'abbé Ritcand qui a reçu la donation ; Rivallon et Guegon, fils dudit Salomon ; Ratuili, évêque d'Aleth ; Pascueten ; Bran ; Nominoë, fils de Bodwan ; Roënvallon, fils de Bescan ; Drehoiarn ; Jarnuocon, son fils ; Ratfred ; Tanetherth ; Hinwalard ; Cathworet ; Hitruiarn ; Sider ; Tretien ; Kenmarhoc ; Guethenoc ; Arvidoë ; Saluden ; Htrehewedoë ; Hidran ; Gleudalan ; Koledoc ; Balanau ; Arthnou ; Eucan ; Woran ; Gleuchourant ; Roënvallon, abbé ; Ludoccar, prêtre ; Bili, clerc ; Convoion, clerc ; Haëlican, prêtre ; Egreval, prêtre ; Ricart, prêtre.

Forêt.

D'après d'anciennes légendes citées par les hagiographes, une vaste forêt commençait sur les confins de *Rhedones*, à l'ouest, se prolongeait jusque dans la Cornouailles et partageait l'Armorique en deux portions à-peu-près égales : la partie méridionale et la partie septentrionale[*]. Cette forêt n'existe plus dans son ensemble, mais il est facile d'en suivre les parcelles sur une carte de géographie. On ignore l'époque où elle a été morcelée. Est-ce par vétusté, incendie, ou enfin par quelqu'autre cause que nous devons ignorer? Voilà autant de questions qu'il est impossible de résoudre.

Ce qu'il y a de certain, c'est qu'au IX° siècle

---

[*] Lob. Saints de Bret.

elle était démembrée entièrement et ne contenait pas beaucoup plus d'étendue qu'elle n'en a aujourd'hui*.

Cette forêt ainsi divisée reçut des noms particuliers. Nous allons parler de celle qui donna son nom au Poutrécoët.

Un acte du cartulaire de Redon, de 857, dit qu'une femme nommée Cléroë offrit à saint Convoion son héritage dont une portion s'appelait Ranpenpont, c'est-à-dire une partie de Penpont ; mais est-ce Paimpont connu aujourd'hui sous ce nom ? C'est ce qu'on ne peut affirmer.

Un autre acte, du cartulaire de Saint-Georges de Rennes, du xi⁰ siècle, affirme que Orhant, prévote, et Gautier son fils, firent don à l'église de Saint-Georges de la troisième partie de la dîme de Paimpont (*de Pane Ponti*). Elle était du domaine du comte Alain et d'Eudon son frère**.

Une bulle du pape Célestin troisième, écrite pendant le xii⁰ siècle, soumet le prieur de Paimpont à l'abbé de Saint-Méen, *priorem et fratres de Penpont****.

---

* Cart. Roton.
** Act. Bret. t. 1.
*** Id.

Mais tous ces actes ne disent point que la forêt portait alors ce nom.

La *Chronique de Bretagne*, sous la date de 1145, la nomme Brefrélien. Guillaume l'Armoricain, poëte du xii° siècle, l'appelle Brocelian dans sa Philippide : *Brocceliacensis monstrum admirabile fontis*, dit-il en parlant de Brocelian ou de Baranton. Les romanciers l'ont désignée par Breselianda, Bersillant, Brecheliant, Broceliande et Brecilien. Cette dernière dénomination a prévalu depuis le xv° siècle. Elle est aussi connue sous le titre de Paimpont.

Sous les Gaulois, cette forêt était sacrée et mystérieuse. Lucain en décrit une semblable[*]. Sénèque, dans sa tragédie de *Thyeste*, en cite une dans laquelle coulait une fontaine où la nuit on entendait gémir des divinités funestes. Il se trouvait encore en ce lieu des autels servant à des sacrifices humains.

Est-ce dans ces poëtes que nos vieux romanciers ont puisé leurs descriptions de la forêt de Broceliande, ou bien n'ont-ils fait que rapporter les vieilles traditions du pays ? C'est une question qu'il faut abandonner aux travaux de l'archéologie.

---

[*] Lib. 3.

Ce qui est hors de doute, c'est que les romans de la chevalerie l'avaient rendue célèbre. Il n'était parlé, en Bretagne et ailleurs, que des prodiges dont elle était le théâtre, ainsi que de la merveilleuse fontaine de Baranton, à laquelle nous consacrons un chapitre. Girald le Cambrien et Guillaume l'Armoricain, auteurs du xiie siècle, en ont fait mention dans leurs écrits. Là était encore le val périlleux, ou sans retour, parce que tous ceux qui s'y engageaient après avoir faussé un serment étaient dans l'impossibilité d'en sortir. Une barrière infranchissable et mobile s'élevait continuellement devant celui qui se trouvait au pouvoir de la malicieuse Morgane, magicienne dont l'habileté fermait toutes les issues.

Cette forêt avait acquis une telle célébrité que Wace, poëte anglo-normand mort vers 1184, vint la visiter. Voici comme il rapporte son voyage :

« Là alai-jo merveilles querre,
« Vis la forêt et vis la terre,
« Merveilles quis maiz nes trouvai ;
« Fol m'en revins, fol i alai,
« Fol i alai, fol m'en revins,
« Folie quis, por fol me tins. »

Souvent, de ce lieu muet sortaient de longs gémissements, des hurlements affreux, des voix inconnues; puis, soudain, à l'horreur du tumulte succédait celle du silence. D'autres fois, de ces solitudes impénétrables la nuit fuyait, et, sans se consumer, les arbres devenaient autant de flambeaux dont les lueurs laissaient apercevoir des dragons ailés, des serpents, des scorpions ; enfin des fantômes, des spectres, apparaissaient montrant leurs ombres lugubres sur ce fond de lumière; mais bientôt tout s'éteignait et une obscurité plus terrible encore enveloppait de nouveau la forêt mystérieuse*.

Les Druides, dit Pline**, consacraient à la divinité de grands bois de chênes. Tacite rapporte que les Romains détruisirent ceux de l'île de Man où les Druides rassemblaient le peuple pour y célébrer des sacrifices sanglants.

Il est certain que la forêt de Broceliande était du nombre de celles ainsi consacrées. Ce qui porte à le croire, c'est que le christianisme, pour détruire la superstition, érigea, dans les lieux les plus fréquentés, des églises, des chapelles, des monastères, et éleva des croix ou des images de

---

* Kerdanet.
** Lib. 16.

la Vierge et des Saints, pour la soustraire à la fausse idée des pratiques de la religion.

Une tradition nous apprend que saint Judicaël, roi de Bretagne, bâtit, à la lisière de cette forêt, près d'un marais, à l'endroit même où il y avait un dolmen, un monastère en l'honneur de Notre-Dame, pour réparer l'outrage qui avait été fait à l'humanité. Les Druides, dit César[*], immolaient des hommes.

Plusieurs Ermites se retirèrent dans ce lieu et y construisirent des cellules qui furent incendiées vers le milieu du xii° siècle, par Eon de l'Etoile[**].

Malgré toutes ces précautions, la superstition n'en régnait pas moins; ce fut pour en arrêter le cours qu'un concile, tenu à Nantes vers 658, fit un canon pour enjoindre aux évêques et aux prêtres d'employer leur zèle à renverser et à brûler les arbres consacrés aux démons; arbres que le vulgaire a eu si grande vénération qu'il n'ose toucher ni aux branches ni aux rejetons; et à briser les pierres qui se trouvent dans les déserts et les bois, que des hommes trompés par

---

[*] Lib. 6.
[**] Chro. Brit.

les ruses des démons vénèrent, et auxquelles ils font des vœux et portent des offrandes.

L'ordre donné par le concile ne fut pas fidèlement exécuté. Plus tard, nous trouvons ces ordres réitérés dans les capitulaires de Charlemagne qui s'était emparé de la Bretagne. Quoique ces ordres fussent impérieux, toutes les pierres ne furent point jetées par terre ; un grand nombre sont encore debout et ont bravé les révolutions des temps.

Fontaine de Baranton.

La fontaine de Baranton est située à la lisière de la forêt de Paimpont, près du Lambrun ou lan le de Concoret.

Guillaume l'Armoricain ou le Breton, chapelain de Philippe-Auguste, roi de France, la mentionne ainsi dans son poëme :

La fontaine de Broceliande est un prodige admirable. Quiconque répand sur la pierre qui gît auprès, quelques gouttes d'eau de sa source, fait naître des nuages épais mêlés de grêle et le tonnerre gronde instantanément couvrant de ténèbres cette partie du bois. Ceux qui sont présents, après avoir vivement désiré être témoins de ce fait, aimeraient mieux l'avoir à jamais ignoré, tant leurs cœurs sont saisis d'épouvante et leur esprit pénétré d'étonnement.

Girald le Cambrien (Angleterre), né vers 1125 en parle aussi en ces termes :

Il y a dans la Bretagne-Armorique une fontaine où, si vous puisez de l'eau dans une corne de bœuf et que vous la répandiez par hasard sur la pierre qui en est proche, à l'instant vous aurez de la pluie quelque soit la sérénité du temps.

Vincent de Beauvais, précepteur des enfants de Saint-Louis, mort en 1264, dans son *Speculum natur.*, l. 6, cite cette merveille.

La charte de Paimpont, rédigée au château de Comper, en 1467, l'avant-dernier jour du mois d'août, d'après l'ordre du comte de Laval et de Montfort, par Olerence, son chapelain, s'exprime ainsi :

« Il y a un breil (bois taillis) nommé le breil
« de Bellanton et proche d'iceluy une fontaine
« portant le même nom, auprès de laquelle le
« bon chevalier Ponthus fit ses armes, ainsi
« que l'atteste l'ouvrage qu'il a écrit. Une
« grosse pierre appelée le perron de Bellanton,
« joint ladite fontaine, et toutes les fois que le
« seigneur de Montfort y vient et arrose avec

« l'eau de sa source le perron, quelque chaleur
« ou temps sûr de pluie qu'il fasse, enfin de
« n'importe quel vent il souffle, soudain il pleut
« si abondamment que les biens de la terre en
« sont beaucoup arrosés et leur porte profit.
« L'eau ne cesse de tomber qu'au moment où
« le seigneur entre dans son château de Com-
« per. »

Cette pierre mystérieuse, qui opérait tant de prodiges, a été enlevée, dit-on, par des Anglais.

La source n'a pas encore perdu tous ses prestiges, car les habitants de Muel, quoiqu'elle soit éloignée d'environ huit kilomètres, disent encore : Nous allons avoir de la pluie, on entend mugir la fontaine de Baranton.

L'enchanteur Merlin.

L'enchanteur Merlin a résidé dans la forêt de Broceliande, où il avait choisi sa demeure à l'ombre d'une aubépine; non dans un tombeau, car il était encore vivant, mais dans un état de sommeil enchanté indestructible, où l'avait réduit son amie Viviane; ce qui n'empêchait pas d'entendre quelquefois sa voix[*].

La narration, un peu trop légère, des circonstances qui ont mis notre héros à la discrétion de sa mie, nous force à renvoyer le lecteur au livre curieux intitulé : *Broceliande et ses chevaliers*, par M. Baron du Taya.

[*] Mahé.

Éon de l'Étoile.

Éon ou Eudon, surnommé de l'Étoile, était gentilhomme breton. Suivant la *Chronique de Bretagne*, le territoire de Loudéac le vit naître. Il embrassa la vie monastique et se retira dans un petit couvent situé à Concoret où un chemin porte encore le nom de rue Éon. Homme d'une imagination ardente, ayant entendu la conclusion de prières de l'Église qui se terminent par ces mots : *per eum qui venturus est judicare vivos et mortuos*, il se figura qu'il était cet eum, Éon, désigné pour juger les vivants et les morts. Quoique le ridicule de cette prétention sautât aux yeux des ignorants, il se fit néanmoins un grand nombre de partisans qui le suivaient partout ne le quittant ni jour ni nuit. Il se mit alors à dogmatiser et s'adonna aux secrets de la magie dans laquelle des écrivains de son siècle prétendent qu'il était fort habile.

Se transportant soudainement d'un lieu dans un autre, il apparaissait à ceux qui le venaient voir, entouré d'une clarté extraordinaire et, leur montrant plus de trésors que deux rois n'en auraient pu fournir, il permettait à chacun d'en prendre ce qu'il voulait.

Certain jour, un gentilhomme eut envie de posséder l'épervier qu'un de ses partisans tenait entre les mains, le lui demanda et l'obtint; mais cet oiseau qui, apparemment, était un démon, serra bien fort le poing du serviteur et l'enleva dans les airs sans que ce malheureux reparut depuis.

Éon et ses sectateurs vivaient dans la forêt de Brécilien au milieu de joies et de banquets continuels, car il avait le pouvoir de faire venir à volonté sur sa table les mets les plus exquis.

Les partisans qu'il avait recrutés non seulement dans la Bretagne mais jusqu'en Gascogne, il les qualifiait d'anges et d'apôtres et leur donnait des noms magnifiques, appelant l'un Sagesse, l'autre Science, un troisième Jugement; imitant, peut-être sans le savoir, l'hérésiarque

Valentin qui nommait ses adeptes Noon, Dynamin, Phronesim. Ils étaient si opiniâtres, soit par une disposition naturelle, soit qu'Éon leur eût renversé l'esprit par ses enchantements, comme Simon fit jadis aux Samaritains, que rien, pas même la crainte de la mort, ne pouvait les ramener au sens commun. L'un d'eux, nommé Jugement, sans en avoir beaucoup, fut pris et condamné au feu. En marchant au supplice, il menaçait ceux qui le tenaient de la colère de Dieu et s'écriait : Terre, ouvre-toi pour engloutir mes ennemis, comme Datan et Abiron. Mais la terre ne s'ouvrit pas et le malheureux fut brûlé.

Éon sortait de temps en temps de la forêt de Brécilien, à la tête de ses anges et de ses saints apôtres, pour piller les villages, les maisons nobles, les églises et les monastères, parce que ces expéditions lui fournissaient les ornements sacerdotaux dont il aimait à se parer pour se rendre plus respectable, et les trésors nécessaires aux dépenses de ses festins journaliers.

Il fallut enfin mettre un terme aux dilapidations de cet homme ainsi qu'à ses déclamations scandaleuses contre les prêtres, les évêques et les autres prélats. On l'arrêta par les ordres du Duc, l'an 1148, et il fut mené à Reims où le Pape

Eugène avait convoqué un concile. Le président de l'assemblée lui demanda qui il était ; il répondit gravement : Je suis celui qui doit juger les vivants et les morts. Lui voyant en main un bâton fourchu, il voulut en connaître la signification; Éon répondit : Ceci est un grand mystère ; quand les pointes de ce bâton sont tournées vers le ciel, Dieu est en possession des deux tiers du monde et me laisse maître de l'autre tiers ; mais si je tourne ces fourchons vers la terre, les deux tiers du monde tombent en mon pouvoir, ne laissant que l'autre tiers à Dieu. Cette réponse fut suivie d'une hilarité générale. Dieu sait si le coupable ne se couvrait pas des livrées de la folie pour y trouver l'excuse de ses crimes en même temps que l'impunité. Finalement, ce maître de l'univers fut renfermé dans une étroite prison où il mourut peu de temps après.

Tandis que cet homme extraordinaire était cantonné dans la forêt de Brécilien, il conduisait nuitamment ses prosélytes à Concoret, près de la fontaine de Baranton, afin d'y célébrer ses orgies; et comme il passait pour magicien et que d'ailleurs ces assemblées ressemblaient au sabbat, les habitants de Concoret reçurent le nom de sorciers qu'ils ont porté jusqu'à ce jour et dont ils ne se déferont pas encore de longtemps, dit l'abbé Mahé.

Les fables, restes de la mythologie celtique, ont eu cours pendant plusieurs siècles, et elles ont régné avant et après Éon de l'Étoile, de sorte qu'il ne pouvait choisir un théâtre plus convenable pour ses enchantements réels ou qui se trouvaient en harmonie avec les fééries et la diabolique célébrité du lieu.

On a avancé que ce brouillon voulait rétablir la religion des Druides; aucun témoignage historique ne confirme cette opinion; d'ailleurs un homme qui se faisait passer pour le fils de Dieu et le juge des vivants et des morts, ne ressemble guère à un partisan de ce culte.

Il n'y a point de compilateur de conciles et d'hérésies qui n'ait fait mention d'Éon de l'Étoile. Cet homme fit beaucoup de bruit dans son temps. Tout le monde en parlait, les uns pour le condamner et les autres pour l'approuver. S'il n'avait point semé sur son passage la désolation, en pratiquant le vol, le meurtre et l'incendie, il aurait entraîné à sa suite toute la population des environs de la forêt de Brécilien. Il exerça beaucoup le zèle de Jean de la Grille, évêque de Saint-Malo.

Nous nous sommes étendu fort longuement

sur ce personnage extraordinaire, parce que sa vie n'est plus connue dans ce pays que d'une manière imparfaite.

Le Chêne au Vendeur.

Ce chêne, situé à l'extrémité sud de la forêt de Brécilien, dite bois de Coulon, est sur un terrain uni. Son pied, mesuré à quelque distance de sa base, a huit mètres trente-trois centimètres de tour.

Cet arbre n'est plus qu'un vieillard et dépérit peu à peu sensiblement. La foudre qui l'a atteint plusieurs fois, n'a pas peu contribué à activer sa décrépitude. Il n'a plus d'écorce que d'un côté et son tronc est devenu creux. Cependant il a encore un port majestueux et peut passer pour le roi de tous les arbres qui se trouvent au loin.

On dit communément qu'un chêne est cent

ans à pousser, cent ans en prospérité et cent ans à décroître.

Ceci n'est pas entièrement exact. Celui de la vallée de Mambré, sous lequel Abraham avait reçu les trois anges, laissait encore apercevoir de ses vestiges du temps de saint Jérôme. Celui-ci, écrivant à la vierge Eustochium, après avoir fait la description des lieux de la Terre-Sainte, lui dit qu'on voit les restes du chêne d'Abraham sous lequel ce patriarche vit le jour de Jésus-Christ et en eut grande joie.

D'après la chronologie, Abraham est mort dix-huit cent soixante-dix ans avant Jésus-Christ.

Voilà un arbre qui a vécu longtemps.

Le chêne de Vincennes, sous lequel Saint-Louis, roi de France, rendait la justice, a disparu il n'y a que quelques années. Dès cette époque de Saint-Louis, il devait être vieux, puisque ses branches servaient d'ombrage à ce monarque et à ceux qui venaient le trouver pour se faire rendre justice. Or, Saint-Louis est mort en 1270; en supposant que cet arbre n'avait alors que cent cinquante ans, son existence aurait donc été d'environ huit cents ans.

Les historiens qui ont visité le Nouveau-Monde, nous disent que les forêts vierges y sont aussi anciennes que le déluge.

Il est donc certain que quelques arbres, surtout le chêne, vivent plusieurs siècles, sans qu'on puisse cependant désigner au juste la durée des plus vieux.

Dans quel siècle le Chêne au Vendeur a-t-il pris naissance ? Il n'existe aucun titre pour résoudre cette question. Mais nous pensons qu'il pourrait être contemporain d'Éon de l'Étoile, pour les raisons que nous donnons ci-après.

Le comte de Laval, issu des anciens seigneurs de Montfort, étant devenu propriétaire de la forêt de Brécilien, en 1467, fit mettre en écrit par Olerence, son chapelain, au château de Comper, les usances et coutumes de la forêt de Brécilien.

Cette charte parle des époques des ventes et de leurs paiements. Nous citons :

« Les ventes de bois de la forest se lèvent à
« trois payements, sçavoir : en la feste de l'As-
« cension, Saint-Jean de Colasse (c'est le jour
« de la décollation de saint Jean-Baptiste, le
« 29 août) et saint Nicolas d'hiver, et à sçavoir
« que toutes les ventes dudit bois qui sont te-
« nues depuis la feste de la Toussaint passée,
« combien que ce ne soit encore eschu le

« terme de Saint-Nicolas, jusqu'à Quasimodo,
« se paient au terme de l'Ascension et les ventes
« tenues depuis Quasimodo jusqu'à la feste de
« Saint-Perran qui est en juillet, sont au paye-
« ment de Saint-Jean de Colasse, et depuis la
« feste de Saint-Jean jusqu'à la Toussaint, les
« ventes sont tenues pour le payement d'hiver
« de Saint-Nicolas d'hiver.....

« Au regard des bois taillables de Coulon et
« de Tremelin, à quelque distance qu'on les
« vende, le payement s'en fait toujours à la
« feste de Saint-Barthélemi, non pas à un des
« autres termes susdits, quand en les vendant
« on ne le dirait exprès. »

Les officiers qui présidaient aux adjudications étaient : le vendeur, le contrôleur et le receveur.

La tradition rapporte que les ventes aux criées avaient lieu sous le gros chêne de la forêt. C'est de cette circonstance que lui est venu le nom de Chêne au Vendeur.

De temps immémorial il se tenait une assemblée célèbre sous cet arbre. On s'y rendait de partout. Les joueurs de flûte, de hautbois, de cornemuse, de musette et de tous les instruments en usage à cette époque, n'y faisaient pas plus défaut que les boissons. Les marchands, principalement les merciers, venaient y étaler leurs marchandises. Des jeux, des danses, s'organisaient et les nuits entières se passaient en divertissements. En un mot ces fêtes étaient des plus brillantes.

Maintes jeunes filles en folâtrant sur la feuille du bois y perdaient ce qu'elles avaient de plus précieux, c'est-à-dire leur réputation. Ces sortes d'accidents étaient communs. Tout aussi y contribuait : les jeux, les danses et les libations copieuses.

L'origine de ces fêtes dans les bois vient des Gaulois. Éon de l'Étoile les avait ravivées dans la forêt de Brécilien. Il est probable que ce fameux personnage aura aussi célébré ses orgies sous ce chêne qui pouvait exister de son temps.

Chez les payens, parmi leurs divinités, les plus révérées étaient les Querculanes, ainsi nommées du mot latin *quercus*, chêne, parce que leur vie était attachée à celle de ces arbres. Le célèbre chasseur Arcas, se reposant au bord d'un ruisseau qu'ombrageait un chêne, vit, dit-on, sortir de son écorce une Nymphe qui lui dit : Détourne, je t'en supplie, le cours rapide de cette onde qui déracine l'arbre auquel mon existence est liée. Arcas fit droit à cette prière et la divinité reconnaissante le couronna sur le rivage.

On célébrait des fêtes splendides en leur honneur.

On sait, et l'histoire nous l'apprend, que de toutes les superstitions des anciens, ce sont leurs jeux et leurs fêtes qui ont résisté le plus longtemps.

Celles du Chêne au Vendeur ont disparu et voici quelle en a été la cause.

Les seigneurs de Montfort avaient donné aux moines de Saint-Jacques un droit d'usage qui s'étendait à toute la forêt de Coulon, en vertu duquel ils prenaient pour leurs besoins du bois partout où ils voulaient. Quand le duc de la Trimouille désira s'en affranchir, un tri fut fait ; de telle sorte que le milieu échut en propre aux moines, à condition qu'ils n'auraient plus de droits sur le reste.

Le Chêne au Vendeur se trouvait dans la portion des moines. Les ventes qui s'effectuaient dans ce lieu cessèrent et l'assemblée, en conséquence, se trouva détruite.

Ce pauvre arbre qui avait vu tant de jeux et tant d'ébats, se trouva abandonné et tout ce qui lui est resté, c'est le nom qu'il porte encore maintenant.

Après ces jours de fêtes et d'hilarité cette partie du bois changea de face. On y voyait un lièvre passer entre les jambes du voyageur ; on y entendait des doléances, des plaintes, des gémissements ; un corbeau perché sur les plus hautes branches du chêne poussait des croassements affreux ; les plus hardis tremblaient de tous leurs membres et les cheveux leur dressaient sur la tête.

Aujourd'hui, on ne voit plus de lièvre passer entre les jambes de qui que ce soit, on n'entend plus de plaintes ni de gémissements, et si l'on aperçoit encore quelques corbeaux perchés, on n'est plus effrayé de leurs croassements.

Ainsi chaque chose a son temps.

Beaucoup de personnes vont encore voir le Chêne au Vendeur. Le général Cavaignac l'a honoré d'une visite peu de temps avant sa mort.

La Croix Robert.

Voici une histoire curieuse et qui est de tradition locale.

Au nord de la forêt de Coulon il y a un village appelé Lanière, c'est-à-dire limite. Tout auprès coule une source abondante qui se nomme la fontaine des Sept Fouteaux, quoiqu'aujourd'hui ce nombre se soit accru. Autrefois ce lieu était un rendez-vous de chasse.

Une famille, qui portait le nom d'Orain, habitait encore, il n'y a pas longtemps, ce hameau.

Dans la forêt de Coulon, sur le bord du chemin qu'on a percé il y a environ quarante ans et à l'endroit où l'on a bâti la maison du garde, on voit encore, adossé à un arbre, le tronc moussu et vermoulu d'une croix qui n'a plus de croisillon. Elle s'appelle la Croix Robert Orain ou tout simplement la Croix Robert.

Voici ce qui a donné lieu à son érection dans l'endroit le moins fréquenté et le plus épais de la forêt.

Robert Orain, de Lanière, n'était pas seulement cultivateur; il était aussi joueur de hautbois et allait exercer son art aux noces où on l'invitait.

Au village des Hostels-Rochers, qui se trouve au midi de la forêt, il y eut une noce à laquelle Robert fut convié d'aller jouer de son instrument. S'il avait du talent, il possédait aussi celui d'arroser copieusement l'anche de son hautbois.

Cette noce eut lieu en l'hiver, dans un moment où la neige couvrait la terre. Les tables, faites avec des échelles couvertes de planches, étaient dressées dans une grange spacieuse. Après les repas, on les ôtait pour faire place aux danses; alors Robert, monté sur une futaille, enflait la poche de son hautbois et en tirait des sons joyeux, à la satisfaction de la compagnie chez laquelle l'enivrement de la gaieté et du plaisir atteignait son apogée.

Le festin dura depuis le mardi jusqu'au mercredi à midi. Ce jour là, les convives s'en allèrent ; mais Robert, lui, ne se hâtant pas d'abandonner le fausset, attendit sur le tard pour partir et se rendit, avec son instrument, au Chêne au Vendeur. Il était dans son droit chemin. Mais entré dans la forêt il perdit la carte et la tramontane, s'y égara et enfonça davantage. Fatigué et vaincu par les vapeurs de Bacchus, il se coucha au pied d'un hêtre et Morphée répandit sur lui ses perfides pavots.

Un loup, alléché par l'odeur qu'il répandait, en fit la rencontre, le flaira, l'arrosa et le couvrit de neige et de feuilles, puis s'éloigna et se prit à hurler pour avertir ses camarades qu'il venait de trouver une proie.

Robert, réveillé par le son de cette musique, ne douta pas de quoi il était cas. La crainte le saisit et l'ivresse l'abandonna. Il monta aussitôt dans le hêtre sous lequel le sommeil l'avait gagné, sans oublier son hautbois. Et bien lui en prit, car à peine y était-il grimpé que plusieurs loups arrivèrent. Mais ils ne trouvèrent plus leur homme. Après avoir flairé et rôdé, ils jettent les yeux en haut et aperçoivent Robret dans son arbre. Ils ne désespèrent pas pour cela, se mettent tous à l'ouvrage et creusent avec leurs griffes, autour du pied, une fosse; les racines volaient en éclats sous leurs dents. Robert, en son arbre perché, contemplait tristement, au clair de la lune, l'ardeur de tous ces ouvriers. Le hêtre tremblait et allait tomber. Robert ne perd pas la tête et passe dans un autre à travers les branches. Il fit bien, car l'arbre tomba.

Mais le danger n'avait pas disparu. Les loups, se voyant encore frustrés de leur proie, ne perdent pas courage et se remettent au travail avec une nouvelle ardeur. Ils attaquent énergiquement le second hêtre et le succès couronne leurs efforts. Robert passe alors dans un troisième. Leur volonté persévérant toujours à son égard, il se lamente et se désole, car il se voit perdu, n'apercevant à sa portée aucun autre arbre dans lequel il puisse passer. Il se voue alors à tous les saints du paradis et fait à Dieu les plus belles promesses, s'engageant, s'il échappe à la dent carnassière de ces animaux féroces, à faire planter dans cet endroit une croix en témoignage de sa délivrance.

Ce vœu fait, il sent naître dans son cœur un rayon d'espérance et s'imagine alors, pour faire abandonner aux loups leur entreprise, d'enfler son hautbois et de jouer une gavotte. Cette musique subite, à laquelle ils étaient loin de s'attendre, suspendit pour un instant leur activité. Mais revenus de leur premier étonnement, ils se souvinrent d'avoir entendu souvent, dans le Prélong, le son des flûtes et des chalumeaux qu'y faisaient résonner les bergers en gardant leurs troupeaux, et se remirent à l'ouvrage avec frénésie.

Par un mouvement imprévu, notre musicien laissa tomber son hautbois au milieu de la bande. Le son aigre et sifflant qu'il continua de répandre, jeta une telle terreur parmi eux que tous prirent la fuite.

Voilà donc Robert délivré. Le jour commence à poindre, et, encore tout saisi de peur, il ne se hâte pas de descendre, craignant quelqu'embuscade. Le moindre souffle de vent, une feuille qui remue, le glace d'épouvante. Enfin, après avoir bien écouté et bien regardé autour de lui s'il ne voit plus rien, il descend et gagne au plus vite son logis.

Il est tout défiguré, froid comme le marbre, pâle comme la mort. En entrant chez lui il tombe en faiblesse. A un pareil spectacle, sa femme, qui le croit ivre, se met à soupirer et à gémir. Enfin, elle le traîne auprès du feu pour le réchauffer. Revenu à lui, il est encore tout effrayé. La première parole qu'il prononce est : Les loups.....

— Qu'est-ce que cela? lui dit sa femme.

Il reste silencieux et promène autour de la chambre des yeux égarés. Peu après il dit :

— Ah! ma pauvre femme, que je l'ai échappée belle. Cette nuit j'ai été attaqué par les loups. Il lui raconte alors toute son aventure. Mais j'ai fait un vœu, ajoute-t-il, et je dois l'accomplir. Qu'on aille chercher le charpentier, qu'il abatte un arbre et fasse une croix : je veux la planter où j'ai été attaqué.

Fidèle à son serment, il fit placer la croix qui depuis ce temps a toujours porté le nom de Croix Robert.

Cette anecdote a couru très-loin en subissant quelques légers changements. Elle a été entendue raconter par des Normands instruits.

Le pied de cette croix, le nom qu'elle porte, sont des motifs suffisants pour fixer cet événement dans la forêt de Coulon.

Monuments Celtiques.

Les environs de la forêt de Brécilien nous ont conservé quelques monuments de la race celtique, qui attestent l'honneur qu'on y rendait au druidisme. Nous allons parler de ceux que nous avons vus et examinés.

1° En Iffendic, au sud du bourg, à un fort kilomètre, près du village de Vausavelin, il y a un menhir bien conservé, qui se nomme dans le pays pierre longue, traduction française de menhir. Il peut avoir quatre à cinq mètres d'élévation. Nous avons fait fouiller au pied dans le mois d'octobre 1837, et on y trouva des pierres plus grosses que le poing, disséminées autour de sa base. Avant d'être parvenu à un mètre de profondeur, on rencontra le tuf où elle avait son assiette.

Nous ne pensons pas que ce fut un tombeau, car rien ne l'indique; cette pierre doit être regardée au contraire comme un objet d'adoration, ou pierre huilée, qui recevait un culte et que l'on appelait Baïtel, ainsi que nous l'apprend D. Arnobe. « Quand j'apercevais une pierre huilée, « dit-il, j'allais la baiser, comme si elle eut « renfermé quelque vertu divine et je lui par- « lais*. »

2° Le Grès Saint-Méen est dans la forêt de Talensac, à la lisière, près du village de la Chapelle-ès-Oresve. Il est ainsi désigné parce qu'une tradition populaire rapporte que saint Méen y aiguisa sa hache et que, l'ayant ensuite balancée, il la lança en disant : où ma hache tombera saint Méen bâtira. Cette tradition ridicule a cependant un fondement. Nous apprenons, en effet, par les actes de saint Méen, d'une part que Talensac fut érigé sur le territoire du canton d'Ork et de l'autre que son père portait ce nom. Lorsqu'on dit : le grès Saint-Méen, c'est par conséquent comme si l'on disait : le grès qui se trouve dans

* Lib. 1.

le canton du fils d'Ork. Saint Méen d'ailleurs a évangélisé ce pays. Aussi l'église de Talensac est-elle sous son invocation. Quant à la pierre en question, elle a la forme d'un affiloir, elle git du sud au nord et peut avoir trois mètres de longueur. Sa forme a pu lui valoir le nom de Grès.

Cette pierre avait sans doute un but religieux; saint Méen sera venu dans ce lieu attaquer la superstition et lui aura laissé son nom.

Quant aux pierres gisantes, nous en trouvons un grand nombre dans la Bretagne.

3° Dans la paroisse de Saint-Malon il y a plusieurs monuments. 1° Au nord-ouest de la chapelle Saint-Jouan, il existe un gros peulvan de trois mètres d'élévation qui fait la limite de Saint-Malon et de Muel. 2° Le nord-est de la lande de Lanvai possède neuf pierres, renversées à l'exception d'une de trois mètres de hauteur. Il est probable que cette dernière était un cromlech. 3° Sur la lande dite la Landelle, près de la forêt, il existe plusieurs pierres dont quelques-unes sont debout et les autres jetées à terre. Elles formaient un carré long. M. Poignand, de Montfort, ayant écrit qu'il les regardait comme les tombeaux de Merlin et de Viviane son épouse, des curieux, guidés par cette indication, sont venus visiter ces pierres et mesurer le terrain. Les paysans voisins, voyant beaucoup d'étrangers venir pour les examiner, se sont imaginé qu'il y avait là quelque trésor caché, et ils ont renversé les pierres, pensant le trouver.

4° Dans la paroisse de Monteneuf, auprès du château de la Voltais, il y a un menhir d'environ quatre mètres de hauteur, mais d'une largeur telle qu'on en voit rarement de semblable. Sur la lande, il en existe plusieurs autres qui frappent de loin les yeux du voyageur.

Les environs de la forêt de Brécilien et ceux de Montfort possèdent beaucoup de pierres celtiques que nous passons sous silence; nous en citerons quelques-unes seulement : d'abord, la pierre longue du village de l'Abbaye qu'on a détruite pour paver le chemin vicinal; puis celle du village de la Lande de Coulon. Une tradition singulière rapporte que lorsqu'on bâtissait le château de Montfort, une fée portait cette pierre dans sa devantière en filant sa quenouille, et que les filets s'étant rompus, la pierre tomba et fut abandonnée là. D'un petit volume, elle pourrait bien être un peulvan dont le sommet aurait été brisé; elle paraît assise sur un tas de petits cailloux concassés, tels qu'on en voit à Locmariaquer et à Carnac. Au village de la Prise, dans le Courtil-Masset, se trouvent enfin plusieurs grosses pierres renversées qui font supposer qu'il y avait là un dolmen.

Toutes ces particularités prouvent surabondamment que, sous les Celtes, le pays du Poutrécoët était habité et fréquenté, et que la forêt devait être sacrée et mystérieuse.

Monuments Romains.

Le séjour des Romains dans les environs de la forêt de Brécilien est plus difficile à prouver que celui des Celtes-Gaulois. Au reste, sous ce rapport, nos études sont bien imparfaites. Nous ne citerons qu'un seul endroit, parce que nous l'avons visité plusieurs fois.

A peu de distance du bourg d'Iffendic, au nord-est, on trouve quelques briques à crochets brisées, des restes de murs enfouis en terre et bâtis avec des pierres à têtes rondes et liées avec un ciment très-dur, un chemin creusé par les charrettes et les pluies, dont le fond est du tuf et dans lequel on voit un grand nombre de fragments de briques incrustés. Là aussi apparaissent les traces d'une vaste conflagration. Plusieurs pierres et des morceaux de ciment ont subi l'action du feu. Dans les champs voisins, on trouve encore une prodigieuse quantité de morceaux de briques dont plusieurs présentent des rebords. M. Moët de la Forte-Maison, auquel nous en avons montré plusieurs, affirme qu'elles sont romaines. Nous sommes d'autant plus de son avis que de semblables briques existent à Rieux et à Locmariaquer et passent, au jugement des meilleurs archéologues, pour être l'ouvrage des Romains.

Il est probable que les Romains ont eu dans cette localité une habitation quelconque; les pierres, le ciment, les briques, en sont une preuve. Après leur retraite, les Bretons s'en emparèrent et y bâtirent une église. Au x° siècle, les Normands incendièrent cette église ainsi que le bourg. De là cette tradition confuse qu'à une époque non donnée, l'église d'Iffendic a été *affondrée* dans la fosse Gautrel, qui se trouve dans la rivière du Meu un peu au-dessus du moulin de Délieuc.

L'église et le bourg furent rebâtis, mais plus bas en approchant de la rivière, et, au commencement du xii° siècle, Iffendic devint un prieuré

Monuments Romains.

Le séjour des Romains dans les environs de la forêt de Brécilien est plus difficile à prouver que celui des Celtes-Gaulois. Au reste, sous ce rapport, nos études sont bien imparfaites. Nous ne citerons qu'un seul endroit, parce que nous l'avons visité plusieurs fois.

A peu de distance du bourg d'Iffendic, au nord-est, on trouve quelques briques à crochets brisées, des restes de murs enfouis en terre et bâtis avec des pierres à têtes rondes et liées avec un ciment très-dur, un chemin creusé par les charrettes et les pluies, dont le fond est du tuf et dans lequel on voit un grand nombre de fragments de briques incrustés. Là aussi apparaissent les traces d'une vaste conflagration. Plusieurs pierres et des morceaux de ciment ont subi l'action du feu. Dans les champs voisins, on trouve encore une prodigieuse quantité de morceaux de briques dont plusieurs présentent des rebords. M. Moët de la Forte-Maison, auquel nous en avons montré plusieurs, affirme qu'elles sont romaines. Nous sommes d'autant plus de son avis que de semblables briques existent à Rieux et à Locmariaquer et passent, au jugement des meilleurs archéologues, pour être l'ouvrage des Romains.

Il est probable que les Romains ont eu dans cette localité une habitation quelconque ; les pierres, le ciment, les briques, en sont une preuve. Après leur retraite, les Bretons s'en emparèrent et y bâtirent une église. Au x° siècle, les Normands incendièrent cette église ainsi que le bourg. De là cette tradition confuse qu'à une époque non donnée, l'église d'Iffendic a été *affondrée* dans la fosse Gautrel, qui se trouve dans la rivière du Meu un peu au-dessus du moulin de Délieuc.

L'église et le bourg furent rebâtis, mais plus bas en approchant de la rivière, et, au commencement du xii° siècle, Iffendic devint un prieuré qui fut donné à Marmoutiers sous le nom de Hilphentic*.

Dans la commune de Bréal, il y a surtout une excursion à faire, aux villages de la Finedais et de la Boissière, où des fouilles pourraient donner des résultats curieux.

On ne peut passer sous silence les restes d'une redoute qui se trouve en Talensac, proche le village de la Chapelle ès-Orèsve, vis-à-vis la forêt. A un kilomètre plus bas, sur les buttes de la Harelle en Montfort, se voient encore les traces d'un campement fermé par de grosses pierres en forme de mur. On ne sait à quel peuple attribuer ces travaux. Il nous semble préférable d'avouer son ignorance à cet égard, que de hasarder une opinion.

* Cart. de Marm.

La Linguistique.

Parmi les monuments du Poutrécoët, on doit ranger l'ancien dialecte que ses habitants parlaient. Il est hors de doute que le premier idiome de ce peuple fut la langue celtique, puisqu'il se trouvait dans la Celtique Gauloise.

Mais la difficulté est de savoir jusqu'à quelle époque cette langue celtique y a été en usage. Pour avoir une solution plausible, il faut s'appuyer sur quelques documents historiques.

Nous avons des actes rédigés en langue Romane ou Française, qui sont datés du 12e siècle. Paschase-Radberg, né à Soissons et mort en 865, nous apprend que saint Adelard, son maître, instruisait ses disciples en latin, en tudesque et en français vulgaire. Nithard, qui florissait dans le même temps, rapporte en langue romane le serment de l'accord qui fut fait entre les fils de Louis le Débonnaire*.

Mais à cette époque, ce nouveau dialecte ne paraît pas encore avoir pénétré en Bretagne, surtout dans le Poutrécoët, quoique Louis le Débonnaire y eut fait une invasion et s'en fut emparé.

Les actes qui nous ont été conservés par le cartulaire de Redon indiquent des noms celtiques, et nous prouvent par là que la langue celtique était encore l'idiome en usage alors. Les Romains, qui avaient occupé les Gaules pendant cinq cent cinquante ans, avaient ordonné de rapporter, comme on sait, tous les actes en latin. Cet ordre avait pu jeter de la confusion dans la langue native, au milieu des villes et chez les grands, mais non parmi les paysans. Le peuple des campagnes a toujours été tenace dans ses habitudes et dans son langage.

Il suffit, pour produire quelques preuves à l'appui de ces faits, d'ouvrir le cartulaire de Redon ; on y lit : Caluveten, fils de Drelouven,

* Duchesne. Recueil des h. f. et h. litt.

donna à Redon une portion de terre nommée Botaloc, située en Ploërmel*; on y lit aussi : Salomon, prince de Bretagne, donna à Saint-Sauveur de Redon, Schiriou en Plélan, Randremes, Lanlcuther et Tigranlis**, etc. Voici encore un autre acte qui concerne le monastère de Plélan : Un nommé Deurhoiarn, avec Jarnuvocon son fils, donna en Plélan, au monastère de Saint-Sauveur, Penwernet, Crakendic et Tigranlis***. Nous voyons, dans le même endroit, que Ritcand, abbé de Redon, donna à tenir en bénéfice à Winic, palfrenier de Salomon, la terre de Bronsiwan****.

L'expression *beneficiaverunt* et plusieurs autres semblables, que l'on trouve dans le même

---

* Hæc carta indicat qualiter dedit Catuveten filius Drelouven partem terræ, quæ vocatur Botaloc, sitam in plebe Artmael.

** Hæc carta indicat atque conservat quod dedit Salomon Britanniæ princeps Schiriou in plebe Laan et Randremes, Lanlcuther atque Tigranlis sancto Salvatori de Rotono, etc.

*** Hæc carta indicat atque conservat quod dederunt Deurhoiarn et Jarnuvocon filius ejus in Plebelan, Penwernet et Crakendic et Tigranlis sancto Salvatori de Rotono, etc.

**** Notitia in quorum præsentia beneficiaverunt Ritcandus abbas et sui monachi villam (alias villarem) in Plebe-Lan, in villa quæ vocatur Bronsiwan ad Winic stabularium Salomonis, quandiù voluerint, et dedit dictus Winic duos fridejussores his nominibus, Cartworet et Haelowen, etc.

cartulaire, pourraient peut-être signifier qu'au IX° siècle le domaine congéable était en vigueur dans le Poutrécoët.

Les noms de personnes, de lieux, de paroisses même, tels que Talensac, Plélan, Caro, Augan ou Alcam, Campénéac, Ménéac, Quédillac, Miniac, etc., n'appartiennent point au latin, qui paraît seul employé dans les actes notariés, ni au français qui commençait à être parlé ; d'où l'on peut conclure que, dans le Poutrécoët, au IX° siècle, la langue celtique était encore en plein usage.

L'époque où elle a cessé d'être parlée n'est pas facile à découvrir.

Cependant, un coup-d'œil jeté sur l'histoire du temps pourra nous fournir quelques lumières sur la date à laquelle le langage changea.

Dans le VIII° et le IX° siècle, deux grandes révolutions s'opérèrent en Bretagne.

La première eut lieu par les Français, sous Charlemagne et Louis le Débonnaire, son fils. « L'armée de Charlemagne, dit D. Morice, n'é-
« pargna ni les lieux saints, ni les personnes
« consacrées au service des autels. Elle pilla,
« saccagea et brûla tout ce qui se trouva sur son
« passage ; sa fureur s'étendit jusqu'à l'île de
« Saint-Malo, près d'Aleth. » Il aurait pu ajou-

ter qu'elle incendia le monastère de Saint-Méen et celui de Notre-Dame de Saint-Judicaël, c'est-à-dire de Paimpont, puisque ce prince donna un diplôme pour leur rétablissement. L'armée de Louis le Débonnaire ne commit pas moins de meurtres et de pillages. Néanmoins, ces invasions n'amenèrent aucun changement dans le langage, comme nous venons de le voir.

La seconde révolution eut lieu sur la fin du IXe siècle et au commencement du Xe. La *Chronique de Nantes* nous apprend qu'après la mort du roi Salomon, arrivée en 874, la division se mit parmi les princes Bretons et donna occasion aux Normands de venir brûler les villes, les châteaux, les églises, les monastères et les maisons, de ravager le pays, de détruire la population et de réduire la Bretagne en une vaste solitude. La *Chronique du Mont-Saint-Michel* nous enseigne aussi que le roi Charles le Simple, pour se débarrasser des Normands, leur donna la Neustrie et y ajouta la Bretagne qui, d'ailleurs ne lui appartenait pas[*]. Aussi ces barbares, en 916, dit la *Chronique de Bretagne*, se jetèrent sur cette contrée, comme un torrent dévastateur, en mas-

---

[*] Additâ etiam ad sumptuum supplementum totâ minori Britanniâ.

sacrant tous ceux qui ne purent prendre la fuite*.

Cette révolution changea la face du pays. La population décimée fut remplacée en beaucoup d'endroits par des Normands et des Français, surtout dans la haute Bretagne. Les Normands, devenus chrétiens, s'incorporèrent aux Bretons et finirent par ne faire plus avec eux qu'un même peuple, connu sous le nom de Breton, quoique le nom de Normand restât attaché à plusieurs familles. C'est ce que nous voyons dans plusieurs actes du temps.

Il paraît que les races normandes et françaises, mêlées avec les Bretons, introduisirent la langue française dans les contrées qu'elles occupèrent.

Il est probable que cette langue fit disparaître peu à peu l'ancienne, sur la fin du x° et pendant le xi° siècle, quoiqu'il soit difficile de trouver des actes rédigés dans ce dialecte en Bretagne.

Ce changement d'idiome, en effet, ne s'est pas opéré simultanément; il a dû demander du temps, un siècle au moins. Il y a encore, parmi les paysans, plusieurs mots celtiques qui entrent dans la construction de la langue française.

* Anno 919, Normanni omnem minorem Britanniam vastaverunt, cunctis occisis, vel ejectis Britonibus.

Destruction du Poutrécoët.

Pendant la désolation générale dont nous avons parlé et qui se fit sentir dans la Bretagne, le Poutrécoët dut être un des cantons les plus ravagés. La guerre des Normands n'avait pour but que le pillage. Ils commençaient par voler, puis ils incendiaient et démolissaient pour fouiller. Ils cherchaient même jusque dans les tombeaux, de manière qu'après leur passage il ne restait plus que des ruines.

Le Poutrécoët, pays riche, couvert de châteaux royaux, n'échappa pas aux perquisitions de ces pillards. Le monastère de Saint-Méen, pillé et brûlé, resta en ruines pendant plus d'un siècle. Celui de Notre-Dame de Saint-Judicaël (Paimpont) eut le même sort et ne se releva qu'avec celui de Saint-Méen[*]. Le château de Salomon du Gué de Plélan fut détruit et on en voit encore aujourd'hui l'emplacement ; le monastère du même nom, aujourd'hui Maxent, subit une destinée semblable. Les moines de Redon fondèrent à sa place un prieuré. Le château de Talensac fut pillé et renversé. Aucun endroit ne fut épargné.

[*] Chro. de Gaël.

Partage du Poutrécoët.

Le Poutrécoët, pendant un siècle, ne présenta plus que le spectacle de la désolation. Ses châteaux, ses monastères, ses églises, ses chaumières, tout avait disparu. Ses champs cultivés se changèrent en landes et en buissons, et ses sillons restèrent là, comme des témoins, pour attester que ce pays était jadis fertile.

Cependant, au commencement du xi⁰ siècle, les monastères de Saint-Méen et de Notre-Dame de Saint-Judicaël sortent de leurs ruines. Le prince Guethenoc, petit-fils de Conan le Tort, comte de Rennes, obtient des moines de Redon la permission de bâtir le château de Josselin;

le territoire sur lequel fut assis ce château étant de leur domaine*.

Josselin donna naissance au comté de Porhoët et en devint la capitale. Mais ce nouveau comté ne comprit pas toute l'étendue de l'ancien Poutrécoët, tel que nous venons d'en donner la description. C'est alors que le nom de Poutrécoët cessa d'être en usage et fut remplacé par celui de Porhoët, qui signifie la même chose, mais qui était plus facile à prononcer.

Du côté de l'est, les limites du Porhoët ne dépassaient pas la paroisse de Campénéac, d'après l'enquête du vicomte de Rohan, en date de 1479.

Ce comté ne fut qu'un démembrement de l'ancien domaine royal donné en apanage à Guethenoc, petit-fils de Conan le Tort, dont la demeure fut d'abord à Château-Tro, dans la paroisse de Guilliers. Le surplus du pays resta dans le domaine ducal. C'est ce que nous voyons par l'acte de restauration de l'abbaye de Saint-Méen en 1008, et par un autre de l'abbaye de Saint-Georges où il est dit que Paimpont était du domaine du duc Alain et d'Eudon son frère.

Vers 1035, Alain et Eudon firent des partages qui furent suivis de guerres et de contes-

* Cart. Rot.

tations. Ce fut à la suite de tous ces démêlés que le reste du Poutrécoët reçut deux nouveaux seigneurs, le sire de Gaël et le sire de Lohéac.

L'origine de ces deux seigneuries est inconnue. Nous n'osons rien hasarder sur leur naissance, mais on peut bien penser que les deux seigneurs qui reçurent en partage le reste de l'ancien domaine royal, devaient avoir une extraction illustre et que, s'ils ne descendaient pas de Conan le Tort, ils étaient issus au moins de l'ancienne race royale.

Il est difficile d'assigner au juste les limites qui séparaient ces deux seigneuries. Cependant on peut en indiquer quelques-unes, sans les garantir entièrement.

La seigneurie de Lohéac commençait à la rivière du Meu, en Bréal, venait à Saint-Péran, prenait à peu près la moitié de la forêt de Brécilien, aboutissait au Gué de Plélan, à la rivière de l'Aff, et suivait ensuite cette rivière.

La seigneurie de Gaël prenait à Baignon, passait par Mauron, Trémorel, Quédillac, et comprenait le reste du Poutrécoët suivant les limites indiquées ci-dessus*.

Ces limites subirent dans la suite plusieurs

---

* Ces limites sont tirées d'anciens aveux.

changements, soit par héritage, soit par ventes, comme nous le verrons par la suite de ce travail.

Ce fut pendant ce temps que la féodalité apparut.

Ainsi, le Poutrécoët partagé forma trois seigneuries distinctes : la vicomté de Porhoët, les baronies de Gaël et de Lohéac.

Gaël.

Après avoir parlé de son château et des rois qui l'habitaient, il nous reste maintenant à faire connaître le possesseur primitif de ce fief.

Raoul Ier est le premier seigneur de Gaël. L'histoire nous le montre vers le milieu du xie siècle ; mais elle ne nous apprend pas d'où vient son origine. Dupaz en fait mention dans ses généalogies de la branche des Penthièvre, sans nous en indiquer la source.

Quoiqu'il en soit, il était d'un haut parage. Il paraît tout d'un coup et jette un grand éclat.

Vers 1064, il se trouve au siége de Combourg, où il se distingue en 1066, et prête secours à Guillaume, duc de Normandie, pour faire la conquête du royaume d'Angleterre. Dans cette expédition, il fait de telles actions de valeur qu'après la conquête Guillaume le gratifie de l'ancien royaume d'Est-Angle, qui comprenait les comtés de Norfolk et de Suffolk. Il signe en conséquence : *Radulphus anglicus comes.*

Wace l'a célébré dans son roman de Rou.

> E Raol i vint de Gael,
>
> E maint Breton de maint chastel,
>
> E cil de verz Bréchellant
>
> Dunc Bretunz vont souent fablant, etc.

Il épouse vers le même temps Emme, fille de Roger de Breteuil comte d'Héréfort et forme avec son beau-père le projet de détrôner Guillaume et de partager entr'eux le royaume d'Angleterre. Leurs mesures étaient si bien prises que, sans un contre-temps qui les empêcha de rassembler leurs troupes, Guillaume eut couru les plus grands dangers. Mais le chemin fut coupé à Roger, ce qui mit obstacle à la réunion de ses soldats à ceux de Raoul. Alors celui-ci se réfugia à Nortwic, ville de son comté de Norfolk, où il fut assiégé pendant trois mois. Il se défendit vaillamment, mais, voyant qu'il n'était point secouru et que Guillaume approchait avec une grosse armée, il remit le commandement à sa femme et partit secrètement pour aller demander du secours au roi de Danemarck. Sa démarche n'ayant pas réussi, il revint en Bretagne où, après la levée du siége, sa femme vint le rejoindre. Guillaume confisqua ses biens. Ces événements se passèrent en 1074.

Raoul ne resta pas oisif, mais eut continuellement les armes à la main. En 1085, il se trouva dans l'armée du duc Alain-Fergent qui battit, à Dol, Guillaume et lui enleva son bagage évalué à plus de quinze mille livres sterling.

La paix étant faite avec le Normand, Raoul s'occupa à bâtir un château fort. La position de celui de Gaël ne pouvant pas être grandement fortifiée, il en choisit une autre très-avantageuse, au confluent des rivières du Meu et du Garun.

Il y avait eu déjà dans cet endroit, dès le viie siècle, un château où habitait quelquefois le saint roi Judicaël. C'est ce qui peut se déduire d'un passage de l'histoire de Le Baud[*] qui rapporte le fait suivant :

« Et luy advint un jour (à saint Judicaël)
« ainsi qu'il retournait d'une expédition faite
« en sa ville de plaisir outre la forest, une vi-
« sion, laquelle n'est pas à passer sous silence;

[*] Page 87.

« c'est à sçavoir qu'il descendit vers la partie
« de l'église du peuple mioti pour prier, et
« cependant s'avancèrent ses gens et vindrent
« jusques à un gué de chariots près le chastel
« sur le fleuve du Meu, etc. »

Voici, à ce sujet, la description topographique des lieux.

La ville de plaisir du saint roi était le château de Boutavant, situé au-delà de la forêt de Montfort, sur la lisière de celle de Saint-Péran, en la paroisse d'Iffendic. Cet édifice était, comme Ithaque, sur la pointe d'un rocher. Il n'en reste plus rien, les ruines sont complètes. Au premier aspect, on serait tenté de croire, aujourd'hui, que les pierres ont grandi dans son enceinte. Telle est la ville de plaisir où Judicaël tenait joûtes et prouesses avec les chevaliers.

L'église vers laquelle il descendit et où il trouva le peuple agenouillé pour prier, était celle de Talensac.

Le gué de chariots de la rivière du Meu, sur le bord duquel était situé le château, se trouvait où sont, à cette heure, les moulins de Montfort. C'est là qu'est arrivé le fait miraculeux rapporté dans la légende de saint Judicaël.

Ceci suppose donc qu'il y avait alors une maison seigneuriale dans ce lieu. Elle a dû être détruite par les troupes de Charlemagne, sur la fin du viii° siècle, puisque dans les actes du ix° il n'en est point fait mention.

Raoul ou Ralp I", sire de Gaël, réédifia ce château et en fit une place forte. La rivière du Meu, qui serait mieux appelée Modon ou Modan, puisque son nom latin est *Modo, onis, Modanus, ani,* lui servait de fortification d'un côté et la rivière du Garun de l'autre.

Montfort.

Nous voici arrivés à la fondation du château appelé Monfort ou Montfort. La *Chronique de Bretagne* en fixe l'époque à l'année 1091 et donne le texte latin suivant : « MCXI *terræ motus facius est occisus est Gaufredus Botherel. Monforte fractum est (vel factum est).* » Le Baud, en son Histoire de Bretagne, a traduit ainsi ce passage : « En l'an 1091, selon les annaux, « fut un grand tremblement de terre en Bre- « tagne et fust occis Geffroy Botherel et Mout- « fort fait et constant. »

Vers cette même époque, plusieurs châteaux furent bâtis en France et reçurent le nom de Montfort. On serait porté à croire que cette dénomination leur vient de montagne forte ou fortifiée; cependant ils ne sont pas tous sur des élévations. Il est donc rationnel de penser que ce titre vient des mots latins *meum castellum forte*, mon château fortifié ; ce qui désigne toujours une forteresse.

Ce sont donc les fortifications que Raoul de Gaël fit faire en 1091, qui valurent à ce château le nom de Montfort, et non pas la prétendue montagne où il avait été assis, car sa position par rapport à tous les aspects se trouve plutôt dans un bas-fond.

Depuis lors, la ville de Montfort devint une baronie, dont le seigneur de Gaël prit le titre comme ses devanciers du xii° siècle. En 1406, elle passa dans la famille des Laval et prit le nom de comté qu'elle a conservé dans ses actes jusqu'à la révolution de 89.

Les armes des seigneurs de Montfort étaient : d'argent à la croix de gueules[*], ancrée, givrée et gringolée d'or ; c'est-à-dire que des extrémités de la croix sortaient des petites têtes de serpents de couleur d'or.

Revenons à Raoul. En 1096, il se croisa avec son fils Alain et partit, à l'entrée de l'hiver, à la suite du duc Alain-Fergent. Il passa par Rome

---

[*] Couleur rouge.

pour se rendre dans la Terre-Sainte. Sa femme l'accompagna dans ce voyage. Il se trouva à trois batailles, et se distingua dans l'armée chrétienne qui prit Jérusalem d'assaut le 18 juillet 1099.

Il n'eut pas le bonheur de revoir sa patrie, car, l'année suivante, il termina sa vie à Jérusalem.

Quant à sa femme et à son fils, il n'en est plus fait mention; il paraît qu'ils trouvèrent la mort dans le même pays.

Généalogie des seigneurs de Montfort.

Raoul I", sire de Montfort et de Gaël, laissa, de son mariage avec Emme, trois fils : Alain, Guillaume et Raoul :

1° Alain, dont nous avons parlé;

2° Guillaume, qui hérita de ses oncles maternels et fut comte de Diuri, dont la possession lui fut disputée. Il mourut en poursuivant ses droits ;

3° Raoul, sire de Montfort et de Gaël, deuxième du nom, qui hérita les titres et les biens de ses père et mère, et fut comte de Breteuil, seigneur de Lyre et de Glos en Normandie.

Ce dernier suivit la carrière des armes et joua un grand rôle dans les affaires de son temps. Sa valeur était tellement grande, dit un historien*, que son nom seul valait une armée. C'est ce qui parut au siége de Breteuil qu'il défendit contre la totalité des forces de la France ; pas un Français n'osa y entrer, quoiqu'il en eut fait ouvrir toutes les portes.

Il épousa, vers 1100, Havoise de Hédé. En 1119, il était à Montfort ; en 1122, il donna au prieuré d'Iffendic droit d'usage dans sa forêt de Talensac ; en 1127, il assista à la réconciliation de l'église de Redon ; en 1136, il fut excommunié par l'archevêque de Tours, à l'occasion des dégâts qu'il avait faits sur les biens de Saint-Méen, et il mourut en 1142.

De son temps, en 1112, d'après les chroniques, un horrible tremblement de terre se fit sentir en Bretagne. En 1116, parut une comète très-brillante. En 1118, il y eut une tempête tellement violente que plusieurs édifices furent renversés. En 1141, une grande mortalité se déclara, surtout parmi les prêtres, et la gelée fut si intense que la plupart des arbres se fendirent et qu'un grand nombre de vignes furent brûlées.

Raoul II fut père :

---

* Dom Morice, h. Bret.

1° De Guillaume;

2° D'Olivier. On ignore le nom de sa femme, mais il a laissé une postérité.

3° De Hervé. Dupaz dit qu'il épousa Philippe de Saint-Gilles.

4° De Robert. Il épousa Anne de Fougères et mourut en 1178.

5° D'Amice. Elle fut fiancée à Richard, fils naturel de Henri, roi d'Angleterre, qui se noya en 1120. Elle épousa ensuite Robert de Beaumont, comte de Leicester, à qui elle porta tous les biens de Normandie.

6° D'Alain. Il est qualifié vicomte de Montfort dans l'acte de fondation de l'abbaye de Lantenac.

7° D'Agnès. Elle épousa David de Châteaubriant et mourut aux nones de décembre, sans indication d'année.

Guillaume Ier, fils aîné, seigneur de Montfort et de Gaël, épousa Amice de Porhoët, fille d'Eudon, deuxième du nom, comte de Porhoët et vicomte de Rennes.

Cette femme était aussi recommandable par ses vertus que par sa naissance. Les deux époux faisaient leur résidence ordinaire au château de Montfort.

Guillaume n'avait point hérité l'humeur

belliqueuse de ses devanciers. Né avec un caractère pacifique, ses goûts l'entraînèrent vers les objets de la charité chrétienne.

Il forma, avec son épouse, le projet de fonder une abbaye auprès de son château.

Après avoir cherché un endroit convenable, il n'en trouva pas de plus commode qu'une plaine qui se trouvait au nord des buttes de la Harelle, auprès de la rivière du Meu, à la distance d'un kilomètre environ de Montfort, vers le sud-sud-est. Ce terrain se trouvait dans la paroisse de Bédée, qui dépendait de l'abbaye de Saint-Mélaine de Rennes. Guillaume, qui voulait mettre tout en règle, demanda à l'abbé de Saint-Mélaine la permission de bâtir son abbaye sur son terrain. Il l'obtint par un acte qui nous a été conservé.

Fondation de l'abbaye de Saint-Jacques.

« L'an de l'Incarnation du Seigneur 1152 (3),
« l'église de Saint-Jacques de Montfort fut
« commencée ; le premier jour du mois de mai
« la première pierre fondamentale fut placée
« par Geoffroy, fils cadet de Guillaume, sei-
« gneur de Montfort ; la seconde par Raoul,
« fils aîné dudit Guillaume ; la troisième par
« Guillaume, qui est le principal fondateur de
« cette maison et qui l'a amplement dotée de
« ses propres revenus pour l'usage des cha-
« noines qui doivent y faire régulièrement le
« service divin ; la quatrième par Amice, épouse
« du susdit Guillaume.

« La quatrième année suivante, le comte
« Conan, fils du comte Alain, passa de l'An-

« gleterre dans la Petite-Bretagne, au mois de
« septembre. Jean, évêque de Saint-Malo, con-
« sacra, le dix des calendes de novembre de la
« même année, le grand autel de cette église.

« La vigile de la Pentecôte suivante, le sus-
« dit Guillaume, après avoir pris l'habit régu-
« lier dans cette maison, mourut dans la con-
« fession de la Sainte-Trinité.

« Raoul, son fils aîné, jeune homme d'un
« excellent caractère, succéda à son père. Sous
« son temps, c'est-à-dire cinq ans après, le pre-
« mier dimanche du mois d'août, Jean, évêque
« de Saint-Malo, homme consommé en religion,
« visita ce lieu, accompagné d'un brillant cor-
« tége composé de clercs et de laïcs ; le même
« jour il y désigna un cimetière et institua
« pour premier abbé, Bernard, prieur de ce
« lieu.

« En même temps, Amice, Dame de Mont-
« fort, avec la concession de ses fils Raoul et
« Geoffroy, donna librement et en possession
« tranquille, la terre de Isacar Rogel, à l'église
« de Saint-Jacques.

« La même année mourut Raoul, seigneur
« de Montfort. Sentant sa dernière heure ap-
« procher, il donna à la même église, avec

« l'agrément de son frère Geoffroy, la terre du
« Magoir et tout le fief de Pasquer. Il fut réuni
« à ses pères et inhumé dans le chœur de cette
« église, auprès du tombeau de son père, le
« douze des calendes de décembre. »

Dotation de l'abbaye de Saint-Jacques.

« Puisque Jésus-Christ (4), médiateur de
« Dieu et des hommes est descendu sur la
« terre pour sauver les pécheurs, justifier les
« impies et leur a indiqué les moyens qu'ils
« devaient prendre pour se procurer le salut et
« la justification, en disant : « soyez miséricor-
« dieux parce que votre père est miséricor-
« dieux ; » et ensuite : « bienheureux les misé-
« ricordieux parce qu'ils obtiendront miséri-
« corde ; » et ceci : « faites-vous des amis des
« richesses de l'iniquité afin qu'on vous reçoive
« dans les tabernacles éternels ; » et encore :
« de même que l'eau éteint le feu, de même
« l'aumône éteint le péché. » Moi Guillaume,

« seigneur de Montfort, prêtant l'oreille à tou-
« tes ces choses, et désirant obéir à la voix du
« Seigneur pour obtenir de cette fontaine de
« miséricorde la rémission de mes péchés, j'ai
« donné, pour perpétuer sa louange, en fief
« aumôné, quelques portions des biens qui
« m'étaient échus par héritage, afin qu'ils
« puissent pour toujours être profitables tant à
« moi qu'à mes prédécesseurs ; je les ai donnés
« pour que le service divin fut assidûment cé-
« lébré en l'église de Saint-Jacques, et pour
« assurer un secours à ceux qui y diront les of-
« fices. Voici les choses que je désire faire con-
« naître tant à ceux qui sont présents qu'à ceux
« à venir :

« Je supplie instamment les personnes ecclé-
« siastiques et séculières de faire leurs efforts,
« pour l'amour de Dieu, afin que mes dons
« soient conservés dans leur totalité.

« J'ai donc donné à l'église de Saint-Jac-
« ques et au frère Bernard, autrefois notre
« chapelain, aux frères chanoines-réguliers et
« à leurs successeurs, à tout jamais : le four
« de Montfort, la dîme du nouveau moulin, la
« dîme du fromentage, des vignes, des jardins,
« la dîme de la forêt de Coulon, la moitié du

« passage de Montfort et la vente du pain et
« du vin.

« Je leur ai également donné, dans le terri-
« toire de Gaël, les terres de Prestebol, de
« Charbonel, de Folohëel, d'Even et de Garnier
« de la Noë, des Dodelien, celle des fils de Ri-
« vald de la Lande, et celle des fils de Judicaël,
« fils de Moysen.

« En Ilifaut, les terres de Guillaume, de Bo-
« din, des Albert, de Finido, de Guillaume prê-
« tre de Borrigath, d'Illiso de Bren; de Daniel
« le Blanc, de Gerbert de Brengelen et de He-
« lena fils de Délisée.

« Je leur ai donné la dîme sur les revenus
« en grains et en argent des hôpitaux de Talen-
« cach et de Monterfi, ainsi que la terre de Gui-
« nelmor (Guihermont) avec ses dépendances,
« et celle auprès de la forêt de Tremelin, ainsi
« qu'un moulin en Romillé.

« Je leur ai donné en Saint-Éloi (de Mon-
« tauban), la terre d'Orène de la Cour; en
« Bédée, la terre de Geoffroy, fils de Gorrand;
« en Breteil, deux métairies que j'avais ache-
« tées de Conan, fils de Rotaud de Guignen,
« concédant et approuvant, afin qu'il devint
« frère et participant des bienfaits de cette
« église.

« Je leur ai aussi donné, dans la paroisse de
« Saint-Gilles, la terre de Jean fils de Mein,
« celles de Reutadre, de Guillaume de Micahé,
« de Pascher, de Hungunar, d'Urvoi, de Judi-
« caël, de Hefred, de Gorrand, de Geoffroy
« Turmel et le champ d'Even, fils de Bellisent.

« J'ai fait don de toutes ces choses avec
« l'agrément d'Amice, mon épouse, et le con-
« sentement de mes fils et de mes frères ; je les
« ai données librement et sans retenue d'aucun
« domaine.

« Il m'a plu aussi d'insérer dans mon écrit
« les dons que mon épouse et mes hommes
« féodés ont fait en ma présence et avec mon
« assentiment à la susdite église, afin qu'il soit
« notoire à tous que les bienfaits que possède
« cette église, non seulement à présent, mais
« qu'elle pourra acquérir dans la suite, sont
« de ma concession et de ma volonté. Les re-
« ligieux doivent me regarder comme leur sei-
« gneur, quoique je ne sois qu'un pécheur, et
« prier Dieu de donner la vie éternelle à ceux
« qui multiplient et conservent leurs biens.

« Amice, mon épouse, a donc donné, en
« Gaël, la vente du pain et de la viande ; en
« Talensac, un moulin ; en Saint-Éloi (de Mon-
« tauban), la terre près le bourg dans les vignes

« de Geoffroi, fils de Bino, et de ses partici-
« pants..... dans la terre de Bernier, un quar-
« tier de froment..... Lehefaut, avec la conces-
« sion de ses fils, a donné, en Talensac, une
« terre auprès de la forêt ; Hervé, fils de Ri-
« chaut, avec la concession de ses fils, a donné
« un champ auprès du cimetière ; Menfinit, fils
« de Hugues, pour l'âme de son frère a donné
« une terre pour établir un moulin ; Pierre, fils
« d'Urvoi, chasseur, a donné l'endroit qu'il
« avait dans la Vallée et la Ville-Aubert (pa-
« roisse de Monterfil) et une maison dans la
« paroisse de Mauron. Dans le bourg de Breteil,
« Guillaume, prêtre, a fait don d'une maison
« qu'il avait reçue de moi. En Gevezé, Jean,
« fils de Trussel, avec la concession de ses
« frères, a donné la dîme du fief d'Espergat,
« pour l'âme de Rafred, son frère. En Irrodoir,
« Geoffroi, fils d'Ulric, a donné la terre de la
« Chapelle. En Bédée, Dualen, fils de Blanche,
« avec la concession de ses fils et de son frère,
« a abandonné le droit qu'il avait dans le lieu
« de Saint-Jacques. Corninelle a donné une
« vigne auprès de la rivière du Meu. Hubert a
« donné une vigne, avec l'agrément de ses fils.
« A Montfort, Daniel, surnommé Lebreton, a

« donné les maisons qu'il tenait du fief de
« Floard, et en sus il a offert son propre fils à
« l'Église. Dans la paroisse de Coulon, Raoul,
« prêtre de Pacé, a donné une vigne. Marie,
« sœur converse de la même église, a donné
« une vigne. Raoul et Rivellon, fils de Rotard,
« avec le consentement de leurs fils, ont donné
« trois quartiers de froment..... Hodie a donné
« sa maison avec la concession de ses maîtres
« et de ses proches. En Saint-Éloi (de Montau-
« ban), Hervé, prêtre de la Chapelle, a donné
« la terre de Secheri. Pierre, fils de Trehored,
« a donné une mesure de blé dans la terre de
« son frère Eudon Rigide. En Gaël, Hugues,
« fils de Respel, a donné tout ce qu'il avait de
« droit héréditaire. Hervé, fils de David, a
« donné deux maisons. En Ilifaut, Clamaire a
« donné un champ avec sa maison, avec l'agré-
« ment de ses maîtres et de son fils. Dans la
« paroisse de Mauron, Guillaume Sellier a fait
« don d'un champ, avec l'agrément de ses maî-
« tres et de ses fils. Revellon et Jarnogot, fils
« de Hamelin, ont donné un champ auprès de
« Musterbion. Raoul, fils de Jarnogot, a vendu
« sa maison en Cibiledro. Trescand, fils de
« Tual, a donné, avec son fils, trois maisons

« dans le bourg de Saint-Leri. Jarnogod, frère
« de Demorand, a donné sa maison du Ferrier.
« En Saint-Maugand, Geoffroi du Vau-Ferrier
« a donné un champ, avec le consentement de
« ses fils. Les trois fils de Bernard ont donné
« leur dîme ; les deux autres, Gautier et Hervé,
« ont engagé leur part pour neuf écus. »

Nous allons faire suivre ici le catalogue historique des abbés de cette maison. Elle a commencé en 1152 et a fini en 1790, ce qui lui donne une existence de 638 ans. Cette abbaye était fondée pour six chanoines réguliers et valait à son abbé deux mille cinq cents francs de revenu annuel.

1° Bernard, chapelain de Guillaume de Montfort, fut le premier abbé de Saint-Jacques. Il se rendit recommandable par sa piété et travailla utilement, en 1168, à réconcilier l'évêque de Rennes avec son chapitre. Il mourut le 22 septembre, mais on ne sait pas de quelle année.

2° Jean de Vaunoise était originaire de Romillé et d'extraction noble. Ce fut à sa recommandation que Geoffroy, sire de Montfort, céda à l'abbaye de Saint-Jacques tous les droits seigneuriaux qu'il avait sur la terre de Vaunoise. Son mérite et sa piété le firent élire archevêque de Dol, vers 1189. Mais il mourut avant son sacre et fut inhumé dans son abbaye.

3° Tual était bénédictin et prieur du monastère de Paimpont. Nommé abbé de Saint-Jacques par le pape Célestin III, les chanoines montrèrent une grande répugnance à le recevoir; mais ils furent obligés de se soumettre à la décision du Pape. Devenu paisible possesseur, il introduisit dans le monastère de Paimpont les chanoines réguliers, avec la permission du pape Innocent III et de Pierre Giraud, évêque de Saint-Malo. Cette érection eut lieu, dit la *Chronique de Paimpont*, du temps de Raoul de Montfort et de Pierre de Lohéac*, c'est-à-dire de 1206 à 1210. La mort de Tual est marquée au 24 février, sans indication d'année.

4° R... fut un des arbitres du différend que Raoul de Montfort eut, en 1210, avec Eudon et Jubel ses enfants. On ignore l'époque de sa mort.

5° Guillaume de Pontoint transigea, en 1216, avec l'abbé de Saint-Mélaine, sur les droits de la chapelle de la Bretonnière, située en la paroisse de Pacé. Il mourut le 26 mars 1217.

---

* Monachi de Paimpont facti sunt canonici regulares..... tempore... Radulphi de Montfort et Petri de Lohcac.

6° Even ordonna, en 1217, qu'on célébrât tous les ans, le trois novembre, un anniversaire pour les pères et mères des chanoines. Il mourut le 12 avril 1219.

7° Robert de Saint-Gonlay transigea, en 1220, avec Jean de Dol, sire de Combourg, fut gratifié, en 1224, de l'église de Bourg-des-Comptes par Josselin de Montauban, évêque de Rennes, et donna, le 28 août 1227, aux deux chanoines réguliers de l'église de Rennes, les deux tiers des grosses dîmes de la paroisse de Langan. On ignore l'année de sa mort qui est marquée au 27 septembre.

8° Bressel de Saint-Maugand.

9° Guillaume de Saint-Maugand.

10° Geoffroy le Mainard mourut le 21 octobre 1296.

11° Jean de Belleville fut nommé arbitre du différend que les chanoines de Saint-Malo avaient avec Guillaume de Saint-Gilles, chevalier. Il commença la reconstruction de son église.

12° Raoul Le Monnier, prieur de la Bretonnière, fut un des exécuteurs testamentaires de Raoul de Montfort, décédé en 1314. Il continua les travaux de l'église commencés par son prédécesseur, et mourut le 13 juin 1332.

13° Raoul Dolnoir afféagea un pré en 1343, et mourut le 27 juin 1360.

14° Raoul Quinou ou Quernou ne fut abbé que quelques mois.

15° Pierre Adeline accorda à Raoul de Vaunoise, chevalier, une espèce de juridiction sur quelques vassaux de l'abbaye. Il afféagea quelques héritages à Guillaume Lévêque, en 1382, et mourut en 1401.

16° Guillaume Guiho, abbé de Paimpont, fut transféré, en 1401, à Montfort. Il obtint des lettres de sauvegarde pour son abbaye le six avril 1406, et mourut en 1410.

17° Bertrand Harel fit consacrer son église par Guillaume de Montfort, évêque de Saint-Malo, en 1428, et mourut le 28 janvier 1448.

18° Robert Hubert fut le premier qui obtint l'usage des habits pontificaux. Il mourut le 23 novembre 1463.

19° Jean de la Doesnelière, fils de Guillaume, seigneur du Fail, en Romillé, succéda au précédent et mourut le 13 octobre 1472.

20° Bertrand de la Doesnelière, neveu des deux précédents, défendit sa nomination, faite par le Pape, contre celle de Guillaume Piédevache faite par les chanoines et celle de Gilles Coëtlogon faite par le Duc; il fut maintenu en possession par la cession de Guillaume Piédevache, en 1486. Il se démit l'année suivante.

22° Gilles de Quebriac, doyen de l'église de Saint-Malo, fut nommé par le pape Innocent VIII, en 1487, et mourut le 16 décembre 1508.

23° Gui Le Clerc, conseiller et aumônier de la reine Anne, fut le premier qui obtint, en 1509, l'abbaye de Montfort en commende. Nommé à l'évêché de Léon en 1514, il se démit en 1521, et mourut le 11 mai 1523.

24° Guillaume de Tacé obtint l'abbaye en commende, en 1523. Il mourut le 8 juillet 1535.

25° Charles Pineau a été béni abbé le 28 avril 1538, puis nommé chanoine et grand vicaire de Dol, où il mourut au mois de mars 1549.

26° Rolland de Neuville, fils puîné de Regnaud, seigneur du Plessis-Bardoul, gouverneur du comté de Montfort, et de Charlotte Ruffier, fut pourvu, en 1550, de l'abbaye qu'il tint pendant 61 ans. Devenu évêque de Léon, en 1562, il mourut à Rennes, à l'âge de 83 ans, le 5 février 1613.

27° Jean de Tanouarn, neveu du précédent,

persuadé que la pluralité des bénéfices est contraire aux canons de l'Église, refusa la coadjutorie de Léon et l'évêché de Dol qui lui furent offerts. Il introduisit la réforme de Sainte Geneviève dans son abbaye et mourut le 17 septembre 1663.

28° Jean-Jacques D'Obheil, abbé en 1663, fut nommé évêque d'Orange en 1674, et mourut en 1720.

29° N..... De Marbeuf fut nommé le 8 janvier 1721.

30° N..... De Champlais, nommé en 1725, posséda son abbaye pendant 61 ans, et mourut en 1786.

31° Claude Fauchet obtint, en 1787, l'abbaye de Montfort, prêta serment à la constitution civile du clergé, fut nommé évêque constitutionnel du Calvados et guillotiné le 31 novembre 1793.

Cette maison est occupée aujourd'hui par un couvent d'Ursulines qui rendent de grands services aux pays des environs.

Guillaume de Montfort, fondateur de cette maison, mourut, en habit de chanoine régulier, le 11 mai 1157.

Raoul, son fils aîné, mourut en 1162 et fut

inhumé à côté de son père, dans le chœur de l'église.

Geoffroy, fils cadet, succéda à son frère et devint seigneur de Montfort et de Gaël. Il épousa Gervaise de Saie ou Sacé en Normandie, fille de Ruellant. Il confirma les donations que son père et son frère avaient faites à l'abbaye de Saint-Jacques, et mourut en 1181.

De son temps, c'est-à-dire en 1163, les Templiers eurent une vive contestation avec l'abbé de Saint-Mélaine, au sujet du four de Montfort. Josse, archevêque de Tours, fut choisi par les parties pour arbitre de leurs différends. L'accord proposé fut accepté et signé par l'abbé de Saint-Mélaine pour son prieuré de Saint-Nicolas ; par l'abbé de Saint-Méen pour son prieuré de Saint-Jean ; et par les Templiers pour leur commanderie de Montfort.

Ce fut en 1160 que les Templiers furent confirmés, par le duc Conan IV, dans toutes les possessions qu'ils avaient reçues en Bretagne. Leurs biens furent affranchis de tous devoirs et de toutes coutumes*. Quoique la charte de Conan

---

* Liberas et quietas ab omnibus consuetudinibus in omnibus locis et in omnibus partibus.   (*Art. de Bret.*, t. 1.)

ne parle pas de Montfort, le procès de 1163 prouve que les Templiers avaient une commanderie dans cette localité.

Mais où était située leur maison ? Si l'on s'en rapporte à la tradition, qui nommait un petit terrain enclos avec de grosses pierres, placé au haut de la rue de Coulon, le Cimetière des Templiers, on peut croire que leur maison s'élevait vers la ruelle Saint-Thomas ou auprès du puits de Coulon.

Après la destruction des Templiers, arrivée en 1308, la commanderie de Montfort fut réunie à celle de La Guerche, et leurs biens passèrent aux Chevaliers de Malte. Voici les lieux où ces biens étaient situés.

« Les Chevaliers de Malte, de l'ordre de
« Saint-Jean de Hierusalem, par cause de leur
« maison et commanderie de La Guerche ont
« plusieurs fiefs, rentes, juridictions et bail-
« lages s'extandants en la paroisse du Verger,
« de Tallensacq et de Monterfil, sous la mou-
« vance et ressort de laditte cour et seigneurie
« de Montfort, a devoir de foy et sans rachapt.

« Ils possèdent aussi, en la paroisse d'Iffen-
« dicq, plusieurs fiefs et juridictions sous la-
« dite mouvance de Montfort, entr'autres aux

« environs des maisons nobles du Val, du Bois-
« Marquer, de Canlou, de Trébieuc, du bourg
« d'Iffendicq, de la Ville-Briand, de la Cor-
« donnais, de la Ville-Marchand, et plusieurs
« autres lieux et endroits de laditte paroisse,
« sous la mouvance de laditte seigneurie de
« Montfort, a devoir de foy, sans rachapt, à
« charge de ressortir les appellations desdittes
« jurisdictions en celle dudit Montfort supé-
« rieure.

« Ils possèdent aussi, en la paroisse de Saint-
« Maugan, plusieurs fiefs et jurisdictions sous
« la mouvance de Montfort, à pareils charges
« et devoirs ci-devant exprimés.

« Comme aussi possèdent prochement et no-
« blement, en la paroisse de Saint-Gonlai, plu-
« sieurs fiefs, jurisdictions et baillages ressor-
« tissants les appellations en la jurisdiction
« supérieure de Montfort, etc.

« Lesdits Chevaliers ont fiefs, jurisdictions et
« baillages prochement et noblement dans la
« paroisse de Saint-Malon, comme en toutes
« les paroisses dépendantes dudit comté, pour
« la contribution et entretien des Chevaliers
« dudit ordre à la défense contre les Infidèles
« et Sarrasins de la foi catholique, la jurisdic-

« tion desquels s'exerce en l'auditoire et palais
« de Montfort[*]. »

Geoffroy, seigneur de Montfort, laissa de son mariage les enfants suivants : Raoul, Guillaume, Rolland, Eudes et Amice.

Rolland fut clerc. Il est nommé dans un acte de 1200 par lequel Guillaume, son frère, donne à Saint-Mélaine sa part de la foire de Bédée.

Eudes épousa Peronne d'Isaugoët, dont il eut une fille aussi nommée Peronne. L'obituaire de Paimpont relate la mort de Peronne[**].

Amice est nommée dans les titres de Savigné dès 1180.

Il paraît que les deux frères aînés, Raoul et Guillaume, étaient jumeaux et qu'ils firent entr'eux une convention par laquelle Guillaume devint seigneur de Montfort. Nous allons donc laisser un instant Raoul ; nous aurons occasion d'y revenir.

Guillaume, deuxième du nom, seigneur de Montfort et de Gaël, épousa Nina, dont il eut une fille nommée Mahaut.

---

[*] Aveu du duc de La Trimouille au roi.
[**] Obiit Petronilla de Isaugoit uxor Eudonis de Monteforti militis.

En 1198, Montfort fut détruit par Alain de Dinan*.

Richard, roi d'Angleterre, avait mis une garnison à Montfort, lorsqu'il voulût s'emparer de la personne du jeune Artur, duc de Bretagne. C'est cette garnison qui fut brûlée avec le château.

Après cette destruction de Montfort, Guillaume fit sa résidence au château de Boutavant, en Iffendic. Là, il ratifia les dons faits au prieuré d'Iffendic par Raoul, son prédécesseur, et confirma également toutes les donations qui avaient été faites à l'abbaye de Saint-Jacques. Voici les actes traduits du latin (5) :

« A tous les fidèles auxquels ce présent écrit
« parviendra, Guillaume, seigneur de Mont-
« fort, salut.

« Qu'il soit à la connaissance de tous que
« nous avons ratifié et confirmé toutes les do-
« nations qui ont été faites à l'abbaye de Saint-
« Jacques par mes prédécesseurs et surtout par
« Geoffroy, seigneur de Montfort, selon que
« leurs chartes transcrites en ma présence dans

---

* Tunc destructum est Montfort ab Alano de Dinan et sociis suis. *(Chro. Pants. Montis.)*

« ce cahier qui doit servir de juge, en font foi.
« D'abord j'ai fait insérer et transcrire la charte
« de Guillaume, mon aïeul, premier fondateur;
« ensuite celles des autres suivants : le seigneur
« Guillaume, mon aïeul, a donc donné, etc. »
Suit la charte du seigneur Geoffroy.

« Au nom de la Sainte et Indivisible Trinité,
« moi Geoffroy, seigneur de Montfort, mar-
« chant sur les traces de Guillaume mon père ;
« pour le salut de mon âme, je donne et concède
« en franchise et liberté, à l'église de Saint-
« Jacques, toutes les possessions et tenues dont
« elle jouit aujourd'hui, qui sont tant de la do-
« tation de mon père (comme le contient la
« charte qui se garde en cette abbaye) que de
« celle de mes hommes et de mes amis ; je les
« concède et confirme libres et quittes de toute
« taille, guet et service militaire et haquenée,
« pour en jouir aux fins qu'elles ont été don-
« nées. J'ai voulu les exprimer par leurs propres
« noms, c'est-à-dire : le four qui est dans
« Montfort, etc. Ensuite pour avoir dans cette
« église un anniversaire perpétuel, j'ai donné
« toute la Vaunoise avec ses dépendances, etc.
« Aussi mon pré de Talensac qui se nomme le
« pré du Comte auprès du Guern, et le bois

« dans ma forêt de Coulon, etc. J'ai fait ceci
« avec l'approbation de mon épouse et de mes
« fils : Raoul, Guillaume et Rolland ; avec
« l'agrément et l'approbation de mon oncle le
« comte Eudon ; de mes barons et de mes
« hommes. Mais afin que cette donation et con-
« firmation demeure à tout jamais, j'y ai fait
« mettre mon sceau. J'ai voulu que ladite église
« eut ces possessions libres et exemptes de toute
« redevance. J'accorde aussi que, pour l'usage
« de l'abbaye, les bois soient pris dans ma fo-
« rêt de Coulon, et les bois morts pour le four
« de Montfort.

« Fait l'an de grâce de l'Incarnation du Sei-
« gneur 1180.

« En outre, moi Guillaume, maintenant sei-
« gneur de Montfort, j'ai permis que cette ab-
« baye eut un bateau sur le Meu pour trans-
« porter tous les bois qui lui sont nécessaires
« d'après ma concession. Je lui ai concédé le
« pré du Comte sur lequel il y avait constitu-
« tion ; les tenures et les fiefs aumônés de Cou-
« lon, et tous les dons faits par mes prédéces-
« seurs et surtout par Geoffroy, seigneur de
« Montfort.

« Pour tous ces bienfaits et ratifications que

« j'accorde comme prince bon et chrétien, cette
« abbaye m'a octroyé, dans son église, une
« chapelle où l'on célébrera tous les jours la
« messe pour moi pendant ma vie, et après ma
« mort un chanoine sera spécialement désigné
« par l'abbé et les frères, pour continuer le
« même service pour le repos de mon âme et
« celles des miens.

« Cette ratification a été faite par moi, dans
« le palais de Boutavant, l'an de grâce 1213*. »

On ignore l'époque de la mort de Guillaume qui vivait encore en 1230.

Dans l'année 1162, disent les *Chroniques de Rhuis et de Paimpont*, la famine fut si grande que les hommes se nourrirent de terre, que le tiers de la population périt de faim, qu'une grande quantité de cadavres resta sans sépulture dans les villages et sur les chemins. En 1169, on vit des globes de feu tomber du ciel sur les châteaux de la Bretagne. En 1176, il y eut encore une famine et une grande mortalité. En 1178, le vent souffla si violemment qu'il renversa les édifices les plus solides. En 1198, il y eut une grande guerre et aussi une grande

---

* Cart. de S. Jacq.

mortalité en Bretagne. En 1221, il y eut famine, guerre et mortalité.

Guillaume ne laissa de son mariage avec Nina qu'une fille nommée Mahaut, comme on l'a vu.

Mahaut, Dame de Montfort, épousa Josselin de Rohan, seigneur de la Roche et de Noyal, et lui porta la troisième partie de la terre de Montfort qui lui était échue de l'héritage de son père.

Josselin de Rohan, devenu par là seigneur de Montfort du chef de sa femme, confirma, en 1239, les priviléges du prieuré de Saint-Nicolas de Montfort.

« A tous ceux qui ces présentes lettres ver-
« ront ou entendront, Josselin de Rohan, sei-
« gneur de Montfort, salut dans le Seigneur.

« Je veux qu'il parvienne à la connaissance
« de tous que mes prédécesseurs de Montfort
« ont donné et octroyé, en biens amortis, au
« prieuré de Saint-Nicolas son usage dans la
« forêt de Coulon, c'est-à-dire le bois mort pour
« chauffer leur four et leur maison, et le bois
« vif pour les constructions et les réparations
« de leurs maisons ; de plus, les échalas pour
« leurs vignes, dans l'enceinte seulement de
« Saint-Nicolas, sans pouvoir vendre ni donner.

« Moi, de rechef, avec le consentement et la
« volonté de Mahaut, mon épouse, j'ai octroyé
« et concédé à tout jamais et confirmé le susdit
« usage au susdit prieuré, à condition cepen-
« dant que cette donation n'empêcherait ni moi
« ni mes successeurs, de vendre ou de donner,
« dans ladite forêt, toutes les fois que je vou-
« drai, ou de faire entièrement ma volonté
« dans tout ce qui me restera, sauf cependant
« ledit usage. Pour que ceci reste stable et per-
« manent, j'ai fortifié ces lettres de mon scel.
« Donné l'an de grâce 1239, au mois de jan-
« vier[*]. »

Nous n'avons pu découvrir l'époque précise de la mort de Josselin ni de celle de Mahaut, son épouse.

Quoiqu'il en soit, Josselin n'est mort qu'après 1251, époque à laquelle il fit son testament. Il fut inhumé à l'abbaye de Bon-Repos où il avait fondé une chapelle dès 1249.

Josselin et Mahaut ne laissèrent point d'enfants issus de leur mariage. Mais Josselin avait été marié en premières noces et il avait un fils nommé Alain de la Roche, qui devint héritier

---

[*] Titre de Saint-Mélaine, traduit sur l'acte latin.

du tiers des terres de Montfort, en vertu d'une donation que Mahaut avait faite à son mari.

Alain de la Roche, ayant recueilli la donation faite à son père, fit un échange de la terre de Montfort avec Guillaume de Lohéac. Celui-ci la donna ensuite à Alain de Montauban, excepté dix livres de rentes. C'est ainsi que ce dernier devint seigneur de Montfort.

Les moines de Saint-Jacques s'empressèrent alors de faire confirmer leurs donations par ce nouveau seigneur. Voici la traduction de l'acte qu'il leur donna :

« A tous les fidèles du Christ qui verront ces « présentes lettres, Alain de Montauban, che- « valier, seigneur de Montfort, et Malthide, « son épouse, Dame de Montfort, salut.

« Nous faisons savoir que l'abbé et le cou- « vent de Saint-Jacques de Montfort ont leur « usage plein et entier dans nos forêts de Tré- « melin et de Coulon. Donné l'an du Sei- « gneur 1264. »

Malthide, selon la *Chronique de Paimpont*, mourut en 1279. Après sa mort il y eut revendication de la seigneurie de Montfort contre Alain de Montauban.

Pour donner de la clarté à cette narration, il

nous faut remonter à Raoul, frère de Guillaume et oncle de Mahaut. Nous avons dit précédemment que ces deux frères étaient jumeaux, qu'ils avaient partagé entr'eux les biens de la seigneurie de Montfort et que le titre était demeuré à Guillaume.

Raoul épousa Domette de Sillé, sœur de Hersande, femme de Guillaume de La Guerche. Il fit, en 1203, des aumônes à Saint-Méen, du consentement de Domette, et de celui de Geoffroy, son fils. Geoffroy mourut avant ses père et mère qui fondèrent alors pour lui, en 1238, une chapelle chez les frères de la Fontaine-Harvis, dans la forêt de La Guerche.

Raoul avait deux autres fils : Eudon et Juhel. Ceux-ci, dès 1210, demandèrent à leur père des partages pour leur subsistance. Les arbitres furent N..., abbé de Paimpont; Geoffroy de Pouancé, seigneur de La Guerche; Josselin de Rohan; El. Paynel. Ils adjugèrent à Eudon le tiers du revenu de son père, à partager des deux tiers au tiers avec son frère Juhel. Cette contestation, qui dura fort longtemps, ne fut terminée qu'en 1220.

L'époque de la mort de Raoul et de celle de Domette, son épouse, est ignorée.

Juhel, fils cadet, épousa Marguerite de Plancoët.

Eudon, fils aîné, épousa, en 1226, Pétronille Paynel, fille de Foulques, seigneur de Humbie et d'Aubigné. Il mourut avant 1270. Les enfants qui naquirent de son mariage, furent : 1° Raoul ; 2° Eudon ; 3° Foulques ; 4° Geoffroy ; 5° Guillaume ; 6° Jacques ; 7° Jeanne.

2° Eudon fut clerc. Il est fait mention de lui dans le testament de sa mère rédigé en 1270. Il paraît qu'il vécut très-vieux, puisqu'un obituaire en parle sous l'an 1369.

3° et 4° Foulques et Geoffroy eurent, en mars 1315, de Geoffroy, leur neveu, permission d'exploitée et de chasse dans toutes les forêts de Brécilien.

5° Guillaume donna le tiers de ses terres de Bretagne, à Guion, son neveu, qui y renonça en faveur de Raoul. Il demeurait au manoir de Ronseray.

6° Jacques est mentionné dans le testament de sa mère, en 1270.

7° Jeanne épousa, en 1288, Jean, sire de Dol, et eut huit livres de rente au fiel de Laval.

Raoul, l'aîné de tous ces enfants et troisième du nom, devint seigneur de Montfort et de Gaël.

Il épousa plusieurs femmes : 1° en 1256, Mathéa ; 2° en 1266, Denise de Chemillé, dont il eut un fils nommé Fraval ; 3° Hay ; 4° Syndis ; ces deux dernières mortes avant 1313 ; 5° et enfin, Julienne, fille de Geoffroy de Tournemine, qui resta veuve.

Ce fut ce Raoul qui, après la mort de Malthide, attaqua la donation de Mahaut de Montfort. Il cita, à cet effet, en 1285, Alain de Montauban, à la Cour de Ploërmel, et, après plusieurs débats, il fut décidé par arbitres que Raoul rentrerait en possession de tous les biens de Montfort.

Le château de Boutavant était alors la demeure ordinaire des seigneurs de Montfort, car il en est fait mention dans l'acte de convention entre Raoul et Alain, tandis qu'il n'y est nullement parlé du château de Montfort. Ce dernier semble être resté en ruines depuis sa destruction par Alain de Dinan, en 1198. Nous verrons sa réédification dans le siècle suivant.

En 1292, Raoul déclara au Duc qu'il devait quatre chevaliers d'ost : deux pour sa terre de Montfort et deux pour celle de Gaël.

Il mourut en 1300, laissant veuve Julienne de Tournemine, qui ne tarda pas à se lier, par un mariage secret, à Olivier, seigneur de Montauban. Cette union, ou plutôt ce concubinage devenu public par la naissance d'un enfant, fit un scandale d'autant plus grand que les deux partis étaient parents au troisième et au quatrième degré de consanguinité. Ils sollicitèrent alors une dispense du pape Jean XXII pour réhabiliter leur mariage. La dispense fut fulminée par Alain Gontier, évêque de Saint-Malo, dans l'abbaye de Saint-Méen, au mois de décembre de l'an 1320, et publiée dans les églises de Saint-Jean de Montfort, de Saint-Éloi de Montauban et de Guer.

D'après les Chroniques, il y eut, en 1260, une grande famine et une grande mortalité en Bretagne Trois ans après, une tempête épouvantable éclata. En 1284, la veille de l'Assomption, une nouvelle tempête se déchaîna, mais si violente que les arbres furent renversés, les toits des églises et des maisons découverts, et les vaisseaux qui se trouvèrent sur la mer, engloutis. En 1288, la mine de seigle de Jugon se donnait pour cinq sous.

Raoul, troisième du nom, laissa quatre enfants : 1° Raoul ; 2° Geoffroy ; 3° Gui ou Guion ; 4° Gasceline.

Gui, le troisième, après avoir été professeur ès-lois, devint chanoine de Saint-Brieuc en 1314, puis évêque en 1346 et mourut en 1359.

Gasceline, sa sœur, épousa Richard, fils de Prégent de la Roche-Jagu; d'où sortirent, Denise mariée à N. D'Arronguindi, et Catherine, femme de Maurice Duparc aîné, mort sans enfants, et d'Alain Duparc cadet. Le contrat de mariage de Maurice Duparc est de 1292.

Raoul, son frère aîné, quatrième du nom, seigneur de Montfort et de Gaël, alla à la guerre de Flandres, en 1303. Il épousa trois femmes et mourut sans postérité, en 1314. Olivier de Saint-Malon, abbé de Saint-Méen, fut un des exécuteurs de son testament.

Geoffroy, son frère cadet, deuxième du nom, succéda à la seigneurie de Montfort et prit aussi part au voyage de Flandres, en 1303. Vers le même temps, il épousa Jeanne Le Bœuf de Nozai, dame de Moréac, et donna à partager à un de ses frères, entre autres choses, cent livres de rente dont jouissait par douaire, sur Gaël et Montfort, Julienne de Tournemine, dame de Montauban.

Il mourut le 12 décembre 1329, laissant deux enfants : Raoul et Malthide.

Malthide fut mariée à Alain, troisième du nom, sire d'Acigné, qui mourut en 1336.

Raoul, cinquième du nom, seigneur de Montfort et de Gaël, épousa, jeune encore, en 1316, Alienore D'Ancenis, et fit, en 1321, avec Geoffroy, son père, quelques violences à l'abbaye de Paimpont.

Selon l'obituaire de Paimpont, Alienore mourut le 3 juin 1334.

Il épousa alors Amette de Cotnéon qui lui survécut de plusieurs années.

En 1341, il fit un accord avec Gui, son oncle, qui mourut évêque de Saint-Brieuc.

Cette même année 1341 est remarquable par la mort du duc Jean, troisième du nom, qui ne laissa point d'enfants ; mais il avait une nièce, fille de son propre frère, nommée Jeanne la Boiteuse, qui épousa Charles de Blois, neveu du roi de France, et frère de père nommé Jean, issu du mariage de son père avec Yolande de Dreux, comtesse de Montfort.

Le duc Jean avait appelé, par testament, sa nièce à la succession du duché, au préjudice de son frère. De là s'éleva une guerre, dite de la succession, qui dura 23 ans, entre Jean de Montfort et Charles de Blois. La France et l'Angleterre y prirent une part active, et la pauvre Bretagne devint le théâtre de pillages et d'incendies*.

Raoul joua un rôle dans cette guerre et montra qu'il n'avait pas dégénéré de la valeur de ses ancêtres. Pour faire face à ses dépenses, il emprunta, en 1342, de Geoffroy du Plessis, abbé de Paimpont, la somme de 60 florins d'or à l'écu, et il embrassa la cause de Charles de Blois qui lui confia le commandement d'un corps d'armée. Il se trouva à plusieurs batailles et fit des exploits de valeur au siége de la Roche-Derrien que Charles de Blois poursuivait vivement. Mais, la garnison anglaise ayant fait subitement une sortie, Raoul fut tué et Charles de Blois fait prisonnier, l'an 1347.

Raoul laissa de ses deux femmes : 1° Raoul; 2° Éon; 3° Alienore; 4° Jeanne.

Éon épousa Jeanne de Rochefort, dont il prit le nom. Dans son testament, qui porte la date du 22 novembre 1372, il choisit l'abbaye de Blanche-Couronne pour le lieu de sa sépulture et donna à cette communauté 20 livres de rente à prendre sur sa terre de Trémorel, et 30 livres à l'abbaye de Saint-Méen de Gaël. Il avait le titre

---

* Quidquid delirant reges, plectuntur Achivi. *Hot.*

de vicomte de Donges et mourut sans postérité, peu de temps après son testament.

Alienore épousa Simon Dupont, sire de la Fresnai.

Jeanne épousa, en 1346, Renaud de Montauban. Elle fonda, en 1369, une messe à Paimpont, et donna, en 1382, 20 livres de rente pour bâtir la Magdelène. Après 1386, elle épousa en secondes noces Erard de Coësmes, et, en troisièmes, Lévêque, seigneur de Molane.

Raoul, sixième du nom, prit part à la guerre entre Jean de Montfort et Charles de Blois et fit ses premières armes sous son père, auquel il succéda. Dans la compagnie qu'il commandait, on comptait neuf écuyers et dix archers. En 1352, il appose son sceau à l'acte que fait rédiger Jeanne de Penthièvre ou la Boiteuse pour la délivrance de Charles de Blois, son mari, prisonnier en Angleterre, et il est désigné, en 1363, pour être un des ôtages dans l'accord proposé entre Jean de Montfort et Charles de Blois. L'année suivante, il se trouve à la fameuse bataille d'Aurai, laquelle mit fin à cette guerre désastreuse qui avait dépeuplé la Bretagne pendant vingt-trois ans, et assura la couronne ducale à la maison de Jean de Montfort. Il y est fait prisonnier et mis à rançon. En 1368, il obtient de Guillaume de Coicimadre, abbé de Paimpont, la permission de lever quelques impositions sur les vassaux de son abbaye, mais à condition qu'elles ne tireraient point à conséquence pour l'avenir. C'était probablement pour payer sa rançon.

Le duc Jean ne fut pas longtemps tranquille possesseur de son duché, car les Anglais qui l'entouraient excitèrent un mécontentement universel. Les choses en vinrent au point que les seigneurs bretons se donnèrent au roi de France et chassèrent leur duc qui se réfugia en Angleterre. Duguesclin, qui haïssait le duc, fut nommé connétable de France, le 2 octobre 1370, et reçut ordre de mener les troupes françaises faire la guerre à son pays. Il vint pour camper à Montfort, mais la place était délabrée. De là, il s'avança jusqu'à Gaël, place bien fortifiée et possédant une garnison qui tenait pour le duc. Duguesclin en fit le siége et, après une vigoureuse résistance, la prit et la démantela. Il alla ensuite mettre le siége devant le château de Mauron qui subit le même sort : les bâtiments étaient au lieu de Brembili. Le château de Comper fut aussi considérablement endommagé.

Raoul faisait partie de l'armée de Duguesclin

et travaillait lui-même à la destruction de ses châteaux; mais nous allons bientôt le voir les faire réparer aux frais de ses vassaux et de ceux de l'abbaye de Saint-Mélaine de Rennes.

Dans le même temps, Raoul fut un des capitaines commandés pour continuer le siége de Brest et reçut pour ses gens d'armes une somme de 300 livres, dont il donna quittance, à Dinan, sous son sceau représentant une croix ancrée.

En 1375, la France et l'Angleterre signèrent une trève d'un an, et Raoul profita de ce moment de calme pour rebâtir et fortifier ses châteaux de Montfort et de Comper. Ayant besoin de la permission de l'abbé de Saint-Mélaine pour imposer ses vassaux, il la demanda et l'obtint.

Montfort rebâti.

« Nous Raoul, seigneur de Montfort et de
« Gaël, faisons scavoir à tous qui ces présentes
« lettres voyrons, que combien que Religieux
« et honestes hommes l'abbé et couvent du
« moustier du bénoist Saint-Mélaine, près
« Rennes, les prieurs de Saint-Nicolas de Mont-
« fort, Bédesq, Hedé, Plemelleuc, Saint-Gilles
« et Cleves, membres dudist moustier, nous
« aient octroyé, voulu et consenti, tant par la
« grâce du roi de France, nostre syre, nous
« octroyé, que nostre supplication et prière,
« leurs hommes et subjets, tant desdits lieux
« que ailleurs, combien qu'ils sont enclavez ez
« fins de nostre baronie de Montfort, nous
« poier et faire poier sur les hommes desditz
« Religieux, impositions et pipaiges, sur les

« vins et austres boëssons que vendront lesditz
« hommes ou austres leurs subjetz en leurs fiez
« ès fin de nostre baronie, selon qu'est accous-
« tumez, jusques au temps et accomplissement
« de deux ans, commancans le xx jour de fe-
« vrier 1376, pour le fortifiment et rempare-
« ment de nostre ville et chasteaux de Montfort
« et de Comper ; comme ce soit le sauvement et
« proffit des hommes et subjetz desditz Reli-
« gieux et leurs biens, celle ville et chasteau
« estre fortifiés pour eschiver les périls qui
« pourroient estre, tant par fortune de guerre
« que autrement. Quelz Religieux avons oc-
« troyé etc., que ce ne acquerra à nous droi-
« ture ne possession au temps advenir et lesditz
« deux ans passez, cesseront de poier les hom-
« mes desditz Religieux, si ce n'est pas grâce
« du roi ou souverain ou de leur assenti-
« ment, etc. Du xii mars l'an dessusdit 1376[*]. »

Il paraît qu'avant cette époque il n'y avait eu de fortifié que la cour du château ; mais qu'alors, en 1376, la basse ville fut entourée de murailles. C'est de cette année que date la tour qui sert aujourd'hui de prison. La motte ou butte qui a été aplanie pour bâtir l'église est plus ancienne.

---

[*] Titre de Saint-Nicolas de Montfort.

Quant au plan de fortification, tel qu'il apparaît encore, il est de cette même année 1376. Avant l'artillerie, Montfort était de difficile accès. Des murailles très-élevées, flanquées de tours avec des machicoulis, trois portes avec herses et ponts-levis, doubles fossés profonds, la rivière d'un côté et un étang de l'autre, étaient des fortifications très-fortes pour l'époque. Aussi nous ne voyons pas que Montfort ait été assiégé.

Depuis 1198, époque à la quelle il fut détruit par Alain, jusqu'à 1376, Montfort était resté sans fortification. Le château même était en ruines, puisque nous voyons, pendant ce laps de temps, les seigneurs de Montfort faire leur résidence au château de Boutavant.

Le 9 décembre 1378, le roi de France déclara le duc félon, confisqua son duché et l'unit à sa couronne. Les seigneurs bretons, indignés d'une pareille audace, abandonnèrent le roi de France et rappelèrent leur duc.

Raoul de Montfort, qui avait été un des premiers à lever l'étendard de la révolte contre son souverain, fut le premier qui forma, à Rennes, le 25 avril 1379, cette fameuse association qui sauva le duché de l'envahissement. Les Bretons prirent les armes, chassèrent les Français, et rappelèrent leur duc qui s'était réfugié en Angleterre. La lettre de rappel a pour première signature : Raoul de Montfort.

Le duc débarqua dans la Rance, près St-Malo, le 3 août de la même année 1379. Quelques jours après, Raoul vint le trouver à Dinan et lui amena quatre-vingt-dix lances. Il lui prêta serment de fidélité envers et contre tous, et tint à sa parole, car il lui resta fidèle jusqu'à la fin de ses jours.

Le duc tint conseil à Dinan et on y décida qu'on déclarerait la guerre au roi de France. Raoul, avec les autres seigneurs, approuva ce dessein et promit sa personne et des troupes. Le traité de Guerrande, en 1381, en mettant fin à toutes les contestations relatives au duché, amena la paix.

En 1386, Raoul cita le duc à lui rendre hommage pour le fief de Pelmorvan dépendant de sa baronie de Gaël. Le duc, ayant fait examiner cette affaire, reconnut qu'il était sujet de Raoul et, en cette qualité, lui rendit hommage le 19 mai comme à son bien aimé et féal cousin.

En 1388, le duc le consulta dans le démêlé qu'il avait avec Olivier de Clisson.

En 1391, il fut témoin du traité passé entre le duc et Olivier de Clisson au sujet de leurs querelles. Pendant ce temps, le duc et Raoul se firent le mutuel serment de se soutenir envers et contre tous. Tels furent les derniers actes de la vie politique de Raoul, qui mourut le 28 mars 1393.

Cane de Montfort.

D'Argentré, dans son *Histoire de Bretagne*, édition de 1582, dit que cette cane apparaissait depuis environ deux cents ans. En suivant le calcul de cet auteur, nous arrivons donc vers l'année 1382, époque à laquelle les travaux des fortifications de Montfort se continuaient encore. Le bruit de l'apparition de cette cane avait pénétré jusqu'en Italie, au milieu du xv° siècle. Fulgose, doge de Gênes, né vers 1440, en parle dans son livre : *De dictis et factis memorabilibus.* Chasseneux, né dans le même siècle, à Issy-Lévèque près d'Autun, président au parlement de Provence, dans son livre intitulé : *Catalogus gloriæ mundi*, dit qu'auprès de la ville de Rennes il y a un château du nom de Montfort où, au mois de mai, une cane sort d'un étang voisin avec ses petits, entre dans l'église de Saint-Nicolas et fait le tour de l'autel, y laisse un caneton, puis regagne l'étang.

D'après ces deux auteurs, on voit que l'histoire de la cane de Montfort avait déjà du retentissement dès le xv° siècle, en France et en Italie. Comme on ne trouve point de témoignages antérieurs, il est à présumer, suivant D'Argentré, que l'apparition de cette cane a commencé pendant les travaux des fortifications de Montfort.

Voici quels sont les auteurs qui en ont parlé :

Hay du Châtelet, avocat général au parlement de Rennes et membre de l'Académie française, dans son histoire de Duguesclin (1666), dit qu'une année il est allé à Montfort par curiosité et qu'il a vu cette fameuse cane, mais que la foule l'empêcha de voir si elle laissait un de ses canetons pour offrande.

L'auteur du recueil : *A*, *B*, *C*, *D*, etc., a donné aussi une relation de la cane de Montfort. L'article est attribué au savant bibliophile Mercier de Saint-Léger.

Rouillard, avocat au parlement de Paris, en parle dans son *Antipatronage*.

Toussaint de Saint-Luc, en fait mention dans ses *Recherches générales de la Bretagne-Gauloise*.

Le P. Rioche, cordelier à Saint-Brieuc, en

a fait un récit latin dans son *Compend. temp.*, etc.

D. Lobineau se moque de la métamorphose d'une fille en cane.

Déric, fécond en étymologies, trouve dans la position même de Montfort l'origine de cette histoire de la cane.

Le nouvel éditeur du *Dictionnaire d'Ogée*, marchant sur les traces de Déric, dit que le surnom de Cane, donné à Montfort, provient de l'état primitif des lieux et veut dire : Montfort le Blanc. Le lecteur appréciera la justesse de cette étymologie.

Le R. P. de Barleuf, chanoine régulier et prieur de l'abbaye de Saint-Jacques de Montfort, composa un livre, extrait des procès-verbaux, intitulé : *Récit véritable de la venue d'une cane sauvage, depuis longtemps, en la ville de Montfort, comté de la province de Bretagne.* Ce livre a été imprimé, en 1652, chez Michel Hellot, imprimeur et libraire, rue Saint-Germain, à Rennes. Le P. Candide de Saint-Pierre, carme de Rennes, natif de Montfort, a fait, en 1715, un abrégé du livre du P. Barleuf que nous transcrivons ici dans son entier.

« Le susdit Père assure avoir tiré tout ce qu'il avance dans son livre de cette cane, des procès-verbaux qu'il a pu voir dans les archives ou registres de la ville et paroisse de Montfort ; il rapporte ce qu'il a vu de ses propres yeux et marque à la fin le nom de plusieurs personnes tant ecclésiastiques que laïques qui ont signé à la vérité de cette histoire comme témoins oculaires.

« Ce petit livre ne consiste qu'en cinq paragraphes. Dans le premier, l'auteur rapporte le fondement de la vérité de la cane, selon l'ancienne tradition et plus la croyance du pays ; ce fondement est tel que je l'ai exprimé dans le premier cantique que j'ai fait sur ce sujet, où je n'avance rien qui ne soit conforme à ce qu'en a dit le susdit révérend Père. Il remarque qu'un seigneur du château fit renfermer une fille, paysanne d'une grande beauté, à dessein de lui ravir l'honneur. Cette pauvre fille se voyant dans le danger de perdre sa pudicité, eut recours à la prière et s'adressa à saint Nicolas comme défenseur de la virginité, lui promettant que si, par son moyen, elle pouvait évader le péril, elle viendrait chaque année lui rendre ses reconnaissances dans son église. Ce vœu fait, elle fut miraculeusement transportée hors le château, et non pas changée en cane comme dit le vulgaire.

« L'auteur dit ensuite que cette fille, après avoir été ainsi délivrée, fut rencontrée par des serviteurs ou soldats du château qui voulurent l'insulter, et que ne voyant personne qui put la secourir, elle eut encore recours à la prière, suppliant Notre Seigneur, par les mérites de saint Nicolas, qu'une cane sauvage avec ses canetons qu'elle aperçut dans l'étang voisin, fussent témoins de l'innocence qu'on lui voulait ravir, et que si, en cas de mort, elle ne pouvait annuellement rendre ses vœux à saint Nicolas, ces animaux les vinssent rendre pour elle à leur façon.

« Par permission divine, elle échappa des mains de ces soldats sans aucune offense; mais étant morte dans l'année et n'ayant pu rendre ses vœux audit saint, depuis ce temps-là on a vu pendant près de deux cents ans, une cane sauvage, accompagnée de canetons, venir dans l'église de Saint-Nicolas, située dans un des faubourgs de la ville de Montfort, vers la fête de la Translation, dans le mois de mai. Son voyage fait, elle s'en retourne avec ses petits, sans qu'on puisse savoir ce qu'ils deviennent le reste de l'année.

« Dans le second paragraphe, l'auteur parle de ce qui s'est autrefois passé de remarquable touchant la cane et particulièrement ces années dernières. Il dit qu'après la mort de cette fille on a vu pendant près de deux cents ans une cane sauvage qui peut être la même qu'elle avait conjuré de rendre témoignage de son innocence, de venir annuellement à l'église du saint faire son voyage accompagnée de ses canetons.

« Tous les habitants de Montfort, dit-il, étaient si certains de sa venue qu'autrefois le peuple, le jour de la Saint-Nicolas, s'assemblait vers le lieu d'où elle avait coutume de partir et il la voyait venir avec ses petits, puis suivre la foule jusqu'à l'église ; ces faits étaient si communs qu'on s'est lassé d'en réitérer les procès-verbaux dont les plus anciens ont été perdus pendant le trouble des guerres.

« Cependant l'antiquité des peintures et des figures qu'on voit sur les vitres de l'église où la cane et les canetons sont représentés aux pieds de l'image du saint, font foi de cette vérité. On remarque que ces vitres et ces peintures sont des ouvrages de près de deux cents ans ; ce qui fait voir que cette histoire n'est pas nouvelle.

« Le susdit auteur dit qu'il a recherché avec soin, dans les archives des lieux, tout ce qui pouvait donner connaissance de ce qui s'est passé de plus remarquable sur ce sujet, dans les premières années. Il rapporte plusieurs procès-verbaux fort succincts qu'il dit avoir été examinés par M. Doremet, personnage très-docte et grand vicaire de monseigneur l'évêque de Saint-Malo, pendant une visite épiscopale. Voici plusieurs années qu'il a marqué et a tiré de ces procès-verbaux où il est dit que l'on a vu la cane aller et entrer dans l'église, accompagnée de ses canetons.

« Le 24 avril 1543, la cane vint à l'église de Saint-Nicolas, à la manière accoutumée, avec treize petits canetons, puis s'en retourna.

« Le 17 mai 1547, le dimanche de la Trinité, la cane est venue en l'église, accompagnée de dix canetons ; les 17 mai 1548, 1550, 1560 et 1562, jour de la Pentecôte ; le 29 avril 1564 ; l'an 1574 ; le 14 juin 1584 ; le 9 mai 1600, jour de la Saint-Nicolas ; le 5 mai 1605.

« Depuis ce temps, elle est encore venue à plusieurs et diverses fois, selon les procès-verbaux que l'auteur a omis, tant pour éviter la prolixité que pour ce qui se rapporte à ce que dessus.

« Dans le troisième paragraphe, il rapporte ce qui s'est passé de plus notable ces dernières années sur le même sujet, et dit entre autres que le jeudi de la Pentecôte, 27 mai 1649, sur les sept heures du soir, la cane et les petits canetons ayant parus dans la rue du faubourg qui conduit à l'église de Saint-Nicolas, elle entra de son mouvement dans ladite église où un grand concours de peuple s'assembla au son des cloches. Pendant ce temps, la cane prit son vol jusqu'au lambris de l'édifice, passant et repassant devant le crucifix, puis descendant sur cette multitude dont plusieurs la touchèrent. Elle fut mise ensuite, par un ecclésiastique, sur le grand autel, et comme on achevait de chanter une hymne, la cane qui pendant ce temps-là avait demeuré sur l'autel (comme une victime innocente) sauta d'un petit vol aux pieds de l'image Saint-Nicolas où elle demeura quelque temps, lui rendant une sorte de respect par le battement de ses ailes dont elle fouettait l'image. Elle passa la nuit, avec ses petits canetons, près de l'autel.

« On y dit des messes tout le matin, pendant lesquelles la cane et ses petits demeurèrent paisiblement, au coin du maître autel, du côté de l'Évangile et sous la sacraire où reposait le Saint-Sacrement ; étant vue et considérée à loisir d'une grande multitude de personnes qui accoururent de toutes parts pour la contempler.

« Le R. P. Barleuf prit la cane, et la tenant sur sa main comme un oiseau privé, la faisait voir et toucher à tous ceux qui le voulaient, sans qu'elle s'effrayât aucunement. Ledit R. P. célébra la messe, et lorsqu'il fit les élévations de la sainte hostie et du calice, plusieurs personnes remarquèrent que la cane et ses petits qui avaient la queue tournée vers l'autel, se détournèrent jusqu'à la fin de la dernière élévation et se retournèrent vers la sacraire.

« Toutes les messes étant finies vers midi, on fit fendre la presse pour donner passage à la cane et à ses canetons qui traversèrent la foule sans donner aucune marque de crainte, puis firent un cercle autour des fonts baptismaux, marchant deux à deux; et comme elle avait laissé un de ses petits dans un coin de l'église proche lesdits fonts, ce qu'elle avait coutume de faire quand elle y entrait, comme si c'était une offrande qu'elle faisait, le R. P. Barleuf le prit et le reporta avec les autres; mais elle le repoussa, et le caneton, au lieu de se joindre aux autres, voulut par force retourner à l'église, où il ne put rentrer, et alla se jeter dans une haie voisine et depuis ne parut plus, quoiqu'on l'eût cherché avec soin. La cane prit son vol en l'air et ses canetons s'en allèrent vers l'étang et ne se montrèrent plus le reste de l'année.

« Tous ces faits arrivés cette année-là ont pour témoins un grand nombre de personnes dignes de foi, et dont plusieurs existent encore.

« Dans le quatrième paragraphe, l'auteur rapporte quelques circonstances et événements remarquables touchant cette cane, qui démontrent qu'elle était envoyée par un ordre particulier de la providence de Dieu.

« La première de ces circonstances c'est que l'on a jamais vu cette cane ni ses canetons manger, quelqu'aliment qu'on leur ait pu jeter.

« La seconde, c'est que ses canetons ne paraissent jamais plus gros ni plus petits, mais toujours dans la même forme, quoiqu'à différentes époques ; ce qui ferait croire que ce sont les mêmes qui viennent chaque année, aussi bien que la même cane qui a toujours parue du même plumage.

« La troisième, c'est que la cane étant très-prompte et très-légère pour le vol, néanmoins ses petits, quoique sans plumes, la suivent si rapidement qu'au même instant où l'on voit la mère prendre son vol, ces petits animaux s'élancent et arrivent les premiers, mieux que les meilleurs coureurs ne pourraient faire.

« La quatrième, c'est que si l'on veut prendre de ses canetons pour les garder, on perd son temps puisqu'on ne sait ce qu'ils deviennent quoiqu'étant renfermés sous clé par plusieurs personnes expérimentées.

« La cinquième, c'est que cette cane qui est sauvage et non domestique, et par conséquent devrait être difficile à aborder, se laisse prendre et tenir sur la main comme un oiseau familier et apprivoisé.

« La sixième, c'est que l'on a remarqué que ceux qui ont voulu nuire à cet animal se sont nui à eux-mêmes, et qu'ils ont ressenti quelques châtiments de leur témérité. En voici des exemples :

« Trois chasseurs ayant aperçu la cane dans l'étang, tirèrent dessus ; le premier lâcha son coup étant tout près d'elle ; le second en fit de même, sans qu'elle en fût aucunement offensée; le troisième, trop téméraire, a voulu aussi éprouver son arme sur elle, mais aussitôt qu'il eût tiré son coup, il tomba par terre tout effrayé, son arme l'ayant rudement frappé et renversé.

« Un autre exemple que l'auteur dit tenir de ceux qui étaient présents et de celui même qui en a été l'objet : un honnête ecclésiastique du pays voyant la cane avec ses canetons dans les fossés de la ville, voulut l'éprouver et lui dit : Si tu viens de la part de Dieu donne m'en quelque signe; puis lui jeta des pierres et au moment où il lançait la troisième, une hémorrhagie si violente le surprit qu'aucun remède ne put l'arrêter et ne cessa que lorsqu'il eût reconnu sa faute.

« En 1651, un barbet furieux ayant été envoyé sur la cane pour éprouver ce qu'il en arriverait, fut saisi d'une si grande frayeur en l'abordant qu'il s'en revint promptement et s'enfuit sans que son maître pût l'arrêter.

« Enfin, la septième circonstance qui tient du miracle, c'est que l'on a vu plus d'une fois que s'il arrivait que l'un des canetons vînt à être tué ou à mourir, on voyait cependant le même nombre qu'auparavant.

« Dans le cinquième et dernier paragraphe, l'auteur cite les écrivains qui ont traité de cette cane dans leurs livres.

« Les géographes en font mention dans leurs cartes anciennes et modernes où ils indiquent la ville de Montfort par ces mots : Montfort la Cane.

« Or, il est à croire qu'auteurs historiographes et géographes n'ont pas reproduit cette histoire sans s'être bien informés de la vérité.

« De plus, on ne peut supposer que des personnes de mérite, tant ecclésiastiques que laïcs, d'un caractère sérieux, auraient voulu prêter leurs noms et l'appui de leur autorité pour une chose fabuleuse, comme on l'a voulu traiter.

« On peut voir à la fin du livre du R. P. Barleuf les signatures des ecclésiastiques tels que : messire Roland du Neufville, évêque de Léon, abbé de Saint-Jacques de Montfort et seigneur du Plessix-Bardoul ; messire Jean Delanouard son neveu et successeur à ladite abbaye ; M. Doremet, grand vicaire de M. de Saint-Malo ; le R. P. Barleuf, prieur de l'abbaye de Montfort ; plusieurs des Recteurs de la ville et des environs ; des personnes laïques telles que : messire Henry de la Tremoille, duc et pair de France, comte de Montfort ; M. Thomas Chevalier, seigneur de la Connelais Vaunoise, âgé alors de 80 ans ; M. Isaac Massuel Chevalier, seigneur de la Bouteiller ; M. Lemoyne, seigneur de Grand Delieuc, alors sénéchal de Montfort, et plusieurs des principaux habitants de ladite ville et quelques dames de qualité.

« Tout ceci n'est-il pas capable de faire un juste et solide fondement de la foi humaine, pour croire la vérité de cette histoire ? Je vous en fais juge, ami lecteur.

« J'atteste avoir vu plusieurs fois et en différentes années, la susdite cane avec ses canetons dans l'église où elle entra un soir et y passa la nuit et tout le matin, près de l'autel où était l'image de saint Nicolas. Pendant toutes les messes qu'on y dit, je la vis voler par l'église qui était pleine de peuple, et je me souviens très-bien qu'elle descendit sur ma tête et de là vola au pied du crucifix ; ce fut le 27 mai 1649. J'étais alors âgé de sept ans, et je la vis encore l'année que j'entrai en religion, il y a près de 52 ans. Je maniai ses canetons, en compagnie de quatre ou cinq jeunes écoliers, un jour de saint Pierre, et les ayant remis à terre, nous ne sçûmes en un moment ce qu'ils devinrent, nous vîmes en même temps la cane voler en l'air. En foi de quoi j'ai signé tout ceci, ce 6 août 1715.

« F. Candide de Saint-Pierre, carme de Rennes, natif de la ville de Montfort. »

L'histoire de la cane de Montfort a été universellement adoptée par les anciens, mais les modernes la révoquent en doute.

Suite de la généalogie des seigneurs de Montfort.

Raoul, sixième du nom, avait épousé, en 1353, Isabeau, fille d'Eudon, seigneur de la Rochebernard et de Lohéac, et de Béatrix de Craon.

Isabeau n'avait qu'une sœur cadette nommée Marguerite. Par leur partage, fait en 1382, Isabeau devint héritière de la Rochebernard et de Lohéac, qu'elle porta à son mari Raoul de Montfort, lequel ainsi, du chef de sa femme, en devint seigneur. Isabeau mourut le 4 octobre 1400.

Voici la relation d'une attournance de Charles de Blois pour payer le sire de Montfort.

« Charles, duc de Bretaigne, vicomte de Li-
« moges, seigneur de Guise et de Maine, à
« Georges Giquel notre général recepvour en
« Bretaigne-Guallou, et André Raguet son lieu-

« tenant, salut. Comme nous vous avons mandé
« par nos autres lettres que vous feisiez lever
« par vous et vos députez, certaine aide et sub-
« side de demy écu par chascun feu ou ter-
« rouer de Monffort, pour aider à notre ranc-
« zon, nous vous mandons et commandons et à
« chascun de vous, que telle aide et subside
« sitôt comme la aurez reçeu, vous bailliez et
« livrez à notre très-cher et amé cousin le sire
« de Monffort, pour vous valloir acquit de la
« somme en quez nostre très-cher et amé cou-
« sin le sire de Laval, ledit sire de Monffort et
« aulcuns autres de nos amez et féaulx, s'es-
« taient obligés pour nous envers nostre amé
« cousin le sire de Beaumanoir, pour cause de
« la délivrance de nostre ville de Rennes, et
« tout ce que li baillerez desdittes aides et sub-
« sides monstrant ces lettres ou coppie d'elles
« avec quittance de nostredit cousin, vous vau-
« dra en misse et décharge sur celles pour
« quand vous compterez sans nul contredit.
« Donné à Nantes, le sixième jour de mars
« en l'an 1357. »

Les enfants qui naquirent du mariage de Raoul et d'Isabeau de la Roche furent : Raoul, Jeanne et Guillaume.

Jeanne fut mariée à Guillaume Raguenel, vicomte de la Bellière et seigneur du château des Loges, en Saint-Herblon. Elle eut pour dot les seigneuries de Beaumont et de Cramoult, en Mordelles. Elle mourut en 1425.

Guillaume embrassa l'état ecclésiastique et, le 13 octobre 1423, le pape Martin V le nomma à l'évêché de Saint-Malo. Le 28 juin suivant, il fut transféré à Saint-Brieuc, mais il n'accepta pas et préféra Saint-Malo.

Guillaume consacra, en 1428, l'église de l'abbaye de Saint-Jacques de Montfort qui avait été rebâtie par Jean de Belleville et Raoul Le Molnier, abbés de ce monastère.

Le duc d'Anjou, roi de Sicile, épousa, en 1424, par procureur, Isabeau de Bretagne, fille aînée du duc Jean V. Ce prince, qui aimait tendrement sa fille, ne put souffrir qu'elle le quittât pour aller demeurer en Sicile, c'est pourquoi, en 1430, il envoya à Rome pour faire casser ce mariage, alléguant pour raison une parenté du troisième ou du quatrième degré.

Le Pape donna alors commission à Guillaume de Montfort, évêque de Saint-Malo, d'examiner cette affaire et de casser le mariage s'il y avait lieu. Guillaume, après les informations et enquêtes faites, prononça une sentence de dissolution dans le mois d'avril 1430.

Jean V donna ensuite sa fille à Gui de Laval. Guillaume, son oncle, les maria, à Redon, le 1" octobre 1430. Le duc fit présent à sa fille de 50,000 écus, et le comte de Laval lui assura pour douaire 5,000 livres de rentes sur les terres de la Rochebernard, de Lohéac, de Montfort et de Plélan.

Guillaume était à Angers lorsque, le onze mars de l'année 1431, il reçut un bref du pape Eugène IV, qui le nommait cardinal du titre de Sainte-Anastasie. Il pritcelui de Cardinal de Montfort, mais il ne jouit pas longtemps de cet honneur, car, l'année suivante, pendant son voyage de Rome, il mourut à Sienne, le 27 septembre.

Rien de plus flatteur que les éloges que lui donne le Pape. Aussi, serait-on surpris de voir Moréri en mal parler, si cela ne s'expliquait de la part d'un auteur qui n'a connu ni ses parents, ni le lieu de sa naissance.

Raoul, septième du nom, frère aîné de Jeanne et de Guillaume, seigneur de Montfort et de Gaël, épousa Jeanne de Kergorlai, fille de Jean de Kergorlai et de Marie de Léon fille du vicomte de Léon.

Il passa, en 1401, transaction avec le vicomte de Rohan, au sujet de Jean de Kergorlai son fils aîné, du chef de sa grand'mère Marie de Léon, épouse du sire de Grasville. Cette pièce a trop d'étendue pour être rapportée.

Il eut, en 1403, un différend avec Raoul Guiho, abbé de Paimpont, au sujet du droit d'usage dans la forêt de Brécilien ; l'abbé fut maintenu dans son droit par sentence rendue à Ploërmel, en 1405.

Le 8 juin 1406, une transaction fut passée, en présence du duc et de l'avis des plus grands seigneurs de la province, entre Raoul de Montfort d'une part et de l'autre Jeanne de Rochefort, dame D'Ancenis, et Jean de Rieux son mari, maréchal de France. Cette pièce fut homologuée au parlement de Paris.

Pendant les factions de Bourgogne et d'Orléans, en 1408, la reine de France pria le duc de Bretagne de l'accompagner de Melun à Paris. Le duc nomma Raoul de Montfort lieutenant du duché pendant son absence.

Le roi Charles VI écrivit, en 1411, à Raoul de Montfort pour se plaindre de la conduite du duc et du comte ; mais le duc ne fit pas grand cas des remontrances de Raoul et persévéra dans le parti qu'il avait pris.

Raoul servait, en 1419, en qualité de capitaine, dans les troupes du dauphin, Charles VII. Il était présent lorsque le duc de Bourgogne fut assassiné sur le pont de Montereau.

On ignore l'époque précise de la mort de Raoul.

Il laissa de son mariage trois fils : Jean, Charles et Guillaume.

Charles et Guillaume furent deux vaillants capitaines. Charles surtout se distingua. Voici quelques unes de ses actions.

Il entra au service du dauphin et reçut 300 hommes d'armes par lettres patentes données à Melun, le 19 juin 1419.

Mais, pendant la captivité du duc de Bretagne retenu par les Penthièvres, il abandonna le service du dauphin pour revenir en Bretagne, où il fit les siéges de Guengamp, de Jugon, de la Roche Derrien et de Châteaulin, qu'il emporta d'assaut, ainsi que celui du château de Broons, dont il se rendit maître.

La duchesse, ayant ordonné la démolition de ce dernier château, confisqua la seigneurie et la donna à Charles, en propriété ; mais, comme il avait pillé et partagé le butin avec ses soldats, il craignit que, par la suite, on le contraignit à restitution ; c'est pourquoi il sollicita de la duchesse des lettres de sûreté qui lui furent accordées le 27 mai 1420.

En 1421, le duc, délivré de sa captivité, envoya Charles au secours du dauphin. Ce brave chevalier fut tué au siége de Galardon, dans l'Anjou, le 18 juillet de la même année. Son corps fut apporté à l'abbaye de Saint-Jacques de Montfort et inhumé à côté de Jeanne de Kergorlai, sa mère*.

Il ne laissa point d'héritiers. Son frère Guillaume lui survécut.

Branche de Laval.

Jean de Montfort, seigneur de Kergorlai du chef de sa mère, fils aîné de Raoul septième et dernier du nom, épousa, du vivant de son père, en 1406, Anne, seule héritière du comté de Laval et de la baronie de Vitré.

* Voici sa nécrologie : « Anno 1421, die 18 mensis julii,
« obiit Carolus de Monteforti, qui lœsus fuerat in una tibia,
« ictu canonis, antè turrim de Gallardon, in vigilia T. J. B.
« et de loco ubi lœsus fuit ablatus fuit in villam Aurelianen-
« sem, in quoddam curru, et in illa villa clausit diem extre-
« mum, undè ablatum fuit corpus ejus in istud monasterium,
« et sepultum est antè magnum altare, ad latus dextrum ec-
« clesiæ, propè tumbam matris suæ de Monteforti, dominæ
« de Kergorial. »   (Cart. S. Jac.)

Dans le contrat de mariage il fut stipulé que Jean de Montfort abandonnerait son nom, pour prendre « bannière, nom, cry et armes de Laval[*]. »

Les armes de Laval sont : d'or, à la croix de gueules, chargée de cinq coquilles d'argent, cantonnées de seize alleleysons.

Le contrat de mariage fut passé au château de Vitré, en présence du duc et de son conseil, des seigneurs de Châteaubriant, de Quentin, de Combourg et autres, leurs parents ; Jean reçut le nom de Gui, et fut Gui treizième du nom, en 1412, après la mort de son beau-père.

Gui eût d'Anne de Laval, son épouse, trois fils et deux filles. Homme simple et de beaucoup de religion, il lui prit en dévotion d'aller visiter les saints lieux de Rome et de Jérusalem, et il disposa ses affaires pour ce grand voyage. Il laissa sa femme et ses enfants en la garde de Raoul de Montfort son père, partit en la compagnie de gens notables, et alla jusqu'aux dits lieux. En revenant de Jérusalem, il vint au royaume de Chypre voir la reine qui était cousine germaine d'Anne de Laval, sa femme, y tomba malade, et mourut à Rhodes où il

[*] Lebaud.

fut honorablement inhumé par les chevaliers de sa compagnie, en l'année 1415.

Ses enfants eurent nom : Gui, André, Louis, Jeanne et Catherine.

Quelque temps après sa mort, Anne de Laval, demeurée tutrice de ses enfants, envoya Thibault de Laval, son cousin, sieur de Brée, s'emparer de la ville et château de Montfort. Charles et Guillaume de Montfort, oncles de Gui, protestèrent contre cette prise de possession et déclarèrent qu'ils devaient avoir la garde des châteaux de leur neveu, comme plus proches parents. Leur protestation n'ayant pas été écoutée, ils armèrent leurs sujets et alliés et vinrent assiéger Thibault dans Montfort, qui fut obligé de capituler aux conditions suivantes : Thibault remettrait à la disposition de Charles et de Guillaume la ville et le château de Montfort, le dimanche suivant, à l'heure de vêpres; pour sûreté, il donnerait en otages ses deux fils, Guillaume Lévêque, Olivier de Gaël et Guillaume de Cahideuc ; Charles ferait de son côté bonne garde de la ville et château de Montfort, ne toucherait ni aux meubles, ni aux recettes de son neveu, sans mandement et ordonnance de madame sa mère, et ferait enfin conduire en sûreté, jusqu'à Rennes, Thibault et sa compagnie; « et « bailla ledit Charles en pleige, outre luy, « Raoul de Bintin, Olivier de la Fouillée et « Raoul Mandart[*]. »

Avant de parler de Gui, nous allons citer ses frères et sœurs.

1° André eut en partage les seigneuries de Lohéac, de Bréal, de Comblessac, et plusieurs autres terres au duché de Normandie. Il épousa la dame héritière de Raix qui mourut après plusieurs années de mariage, sans lui laisser d'enfant. Il suivit, pendant toute sa vie, la carrière des armes et mourut maréchal de France. Sa vie fait partie de l'histoire de France.

2° Louis eut Châtillon, la terre et le pays de Vandelais et, en outre, les seigneuries et châtellenies de Frénédour, de Quemper-Guezenec, du Vieux-Marché et de Saint-Michel près Guengamp. Il embrassa, lui aussi, la carrière des armes et occupa des postes considérables.

3° Jeanne reçut en partage quatre mille livres de rente, dont deux mille furent assises sur les châtellenies de Brion, de Blou et d'Airolle, en Anjou, et sur les terres et seigneuries de Cancillon, de Plélan et de Saint-Aubin du Cormier,

[*] Chro. de Vitré.

en Bretagne; les deux autres mille livres devant être prélevées sur les terres de Normandie, après le décès de sa grand'mère et de sa mère. Elle épousa Louis de Bourbon, comte de Vendôme, dont la postérité est arrivée à la couronne de France.

4° Catherine eut en dot trois mille livres de rente et épousa Gui de Chauvigni et de Brosse, en Berri.

Gui, quatorzième du nom, comte de Laval, de Montfort, baron de Vitré, etc. épousa, à Redon, le 1ᵉʳ octobre 1430, Isabeau de Bretagne, fille aînée du duc Jean VI et de Jeanne de France, fille du roi Charles VI. Il eut de ce mariage : 1° Yolande, née à Nantes le 1ᵉʳ octobre 1431 ; 2° Françoise, née à Vannes, l'année suivante, et qui ne vécut que 14 jours ; 3° Jeanne, née à Aurai, le 10 novembre 1433 ; 4° Anne, née à Vannes, l'année suivante, et qui ne vécut que six semaines ; 5° François, né à Moncontour, le 16 novembre 1435 ; 6° Jean, né à Redon, l'année suivante ; 7° Artuse, née à Vannes, le 17 février 1437 ; 8° Hélène, née à Ploërmel, le 17 juin 1439 ; 9° Louise, née à Montfort, l'année suivante ; 10° Pierre, né à Montfort, le 17 juillet 1442.

Le 14 janvier de l'année suivante, 1443, Isabeau, mère de tous ces enfants, décéda à Aurai et fut inhumée dans l'église des Frères-Prêcheurs, à Nantes.

Gui XIV, s'ennuyant du veuvage, ne tarda pas à épouser en secondes noces Françoise de Dinan, fille et héritière de Jacques de Dinan, seigneur de Châteaubriant, et de Catherine de Rohan, veuve de l'infortuné Gilles de Bretagne dont la mort fut si traîtreusement tramée.

De ce mariage naquirent : Pierre, François et Jacques.

Pour prévenir la confusion dans une postérité si nombreuse, nous parlerons, par ordre de naissance, de l'établissement de ces enfants.

1° Yolande fut mariée à Alain, sire de Léon, fils aîné et héritier présomptif du vicomte de Rohan et de Marguerite de Bretagne, fille du duc Jean VI. Ils étaient cousins. Yolande reçut en dot de son père les terres et seigneuries de Camors et de Moréac pour mille livres de rente, plus vingt-cinq mille écus, et mille autres livres de rente qu'il promit de lui donner après le décès de sa mère.

2° Jeanne fut mariée à René d'Anjou, roi de

Jérusalem et de Sicile, et reçut en dot, de la part de son père, quarante mille écus d'or.

3° François, fils aîné, héritier présomptif, épousa Catherine d'Alençon, fille unique de Jean, comte d'Alençon.

4° Jean épousa Jeanne, fille unique et héritière du comte de Quintin. Son père lui donna en partage la baronie de la Rochebernard, avec toutes ses appartenances, et les seigneuries de Belle-Ile et de Beaufond, en Basse-Bretagne.

5° Artuse ne fut point mariée.

6° Hélène fut mariée à Jean, sire de Derval, fils de Geoffroy de Combourg et de Valence de Châteaugiron. Elle mourut sans postérité.

7° Louise épousa Jean de Bretagne, comte de Penthièvre.

8° Pierre embrassa l'état ecclésiastique, fut élu évêque de Saint-Malo, en 1476, et tint cet évêché en commende jusqu'en 1493. Pendant ce temps, il fut sacré archevêque de Reims et nommé duc et pair de France, de plus il fut abbé commendataire du Mont Saint-Michel, de St-Méen, de St-Aubin et de St-Nicolas d'Angers, et ce fut lui qui sacra le roi Charles VIII, à Reims. Il mourut à Angers, le 14 août 1493.

On a là un exemple des abus auxquels prêtaient les commendes.

Second lit.

Pierre ne fut point marié et mourut à Nantes, en 1475.

François fut seigneur de Montafilant, du titre de sa mère. Il épousa Françoise de Rieux, fille aînée du comte de Rieux, d'Ancenis, de Rochefort et maréchal de Bretagne, héritière, à cause de sa mère, des terres et seigneuries de Derval, de Malestroit, de Combourg, de Largoët, et de plusieurs autres. Il eut, dans le partage fait par son père, les terres et seigneuries de Frénédour, de Quemper-Guezenec, du Vieux-Marché et de St-Michel près Guengamp, ainsi que la seigneurie de Montfort, et celle de Romillé que son père, qui l'avait donnée à son frère Louis, retira pour la faire entrer dans son lot. Louis reçut en échange les seigneuries de Gaël et de Comper.

Quant à Jacques, on ne sait ce qu'il devint.

Gui, père de tous ces enfants, après les avoir apportionnés et mariés, mourut en son château de Châteaubriant le 21 septembre 1486.

Voici quelques particularités qui le concernent. Il servit, avec son frère André, dans l'armée du roi de France. Là, il vit et connut la Pucelle d'Orléans. Rien de plus simple et qui peigne mieux les mœurs de ce temps, que la lettre que les deux frères écrivirent de concert à leur mère et leur aïeule. En voici quelques passages :

« Mes très-redoutées dames et mères, depuis
« que je vous écrivis de Sainte-Catherine de Fur-
« bois, vendredi dernier, j'arrivai le samedi à
« Loches et allai voir M. le Dauphin au chastel
« à l'issue des vespres en l'église collégiale,
« qui est bel et gratieux seigneur et très-bien
« formé et bien agile et habile, de l'âge d'envi-
« ron sept ans qu'il doit avoir, et illèc vers ma
« cousine la dame de la Trémoille qui me feit
« très-bonne chère, et comme on dit n'a plus
« que deux mois à porter son enfant. Le diman-
« che j'arrivai à Saint-Agnan où était le roy,
« et envoyai quérir et venir de mon logis le
« sieur de Crenes et s'en alla au chastel avec luy
« mon oncle pour signifier au roy que j'étais
« venu, et pour savoir quand luy plairoit que
« allasse devant luy, et eus réponse que y
« allasse sitost qu'il me plairoit, et me fist très-

« bonne chère et me dist moulte de bonnes
« paroles et quand il étoit allé par la chambre
« ou parlé avec aucun autre, il se retournoit
« chaque fois devers moy pour me mettre en
« perole d'aucune choses, et disoit que j'étois
« venu au besoin sans mander et qu'il m'en
« scavoit meilleur gré, et quand je luy disois
« que je n'avois pas amené telle compagnie
« comme je voudrois, il répondoit qu'il suffisoit
« bien de ce que j'avois amené et que j'avais
« bien pouvoir d'en recouvrer grigneur nom-
« bre.... et le lundy me parti d'avec le roy
« pour venir à Selles, en Berri, à quatre lieues
« de Saint-Agnan, et feit le roy venir au-devant
« de luy la Pucelle qui estoit de paravant à
« Selles. Disoient aucuns que c'avoit été en ma
« faveur pour ce que je la visse et feit laditte
« Pucelle très-bonne chère à mon frère et à
« moy, armée de toutes pièces, sauve la teste
« et la lance en main; et après que feusmes des-
« cendu à Selles, je allai a son logis la voir et
« feit venir le vin et me dist qu'elle m'en feroit
« bientôt boire à Paris, et semblo chose toute
« divine de son fait et de la voir et de l'ouyr, et
« s'est partie ce lundy aux vespres de Selles
« pour aller à Romantin.... et la voit monter

« à cheval armée tout en blanc sans la teste,
« une petite hache en main, sur un grand
« coursier noir, qui à l'huis de son logis se
« démenoit très-fort et ne souffroit qu'elle
« montast et alors elle dist : Menez-le à la croix
« qui estoit devant l'église et alors montat sans
« que il se meust, comme si il feust lié ; et lors
« se tourna vers l'huis de l'église qui estoit bien
« prochain et dist en assez voix de femme :
« vous les femmes et gens d'église faites proces-
« sions et prières à Dieu, et lors se tourna en
« son chemin en disant : tires avant, son éten-
« dart ployé que portoit un gracieux page et
« avoit sa hache petite en la main, et un sien
« frère qui est venu depuis huit jours partoit
« aussi avec elle tout armé en blanc... La
« Pucelle m'a dist en son logis, comme je la suis
« allé y voir que trois jours avant mon arrivée
« elle avait envoié à vous mon ayeule un bien
« petit anneau d'or; mais que c'étoit bien
« petite chose, et qu'elle vous eust volontiers
« envoyé mieux, considéré votre recommanda-
« tion. Ce aujourd'hui M. d'Alençon, le bastard
« d'Orléans et Gaucour doivent partir de ce
« lieu de Selles à aller après la Pucelle, et aves
« fait bailler je ne sçoi quelles lettres à ma

« cousine de la Trémoille et au sieur de Crènes
« par occasion desquelles le roy s'efforce de me
« vouloir retenir avec luy, jusques la Pucelle
« aist été devant les places Anglesches d'envi-
« ron Orléans où l'on va mettre le siége, et est
« déjà l'artillerie parvenue, et ne se esmaye
« point la Pucelle que elle ne soyt tantost avec
« le roy, disant que lorsqu'il prendra son che-
« min à tirer avant vers Reims que je crois
» avec luy. Mais ja Dieu ne veuille que je ne le
« fasse et que je ne aille ; et en tant en dist mon
« frère.... Mes très-redoutées dames et mères
« je prit le bénoist fils de Dieu qu'il vous doint
« bonne vie et longue, et nous recommandons
« tous deux à notre frère Loys... et ne avons
« plus en tout qu'environ trois cents escus de
« poids de France. Escript à Selles, ce mercredi
« VIII de juin. Vos humbles fils, Gui et André de
« Laval[1]. »

Gui de Laval est l'auteur de la charte de la forêt de Brécilien. Il la fit mettre par écrit le pénultième jour du mois d'août 1467, au château de Comper, par Olorenco, son chapelain. Cette charte n'était, dit-on, que l'édition de

---

[1] Act. de Bret., tom. II, p. 1224.

celle donnée au vii⁰ siècle par Saint Judicaël. Elle est curieuse sous le rapport de la juridiction forestière du xv⁰ siècle. Sa longueur nous force cependant à n'en donner qu'un abrégé.

« Ensuivent les usements et coustumes de la forest de Brécilien, et comme anciennement elle a estée troictée et gouvernée.

« Et premier, de ceux qui ont usaige de prendre et user de bois en ladite forest et pour leurs choses nécessaires.

« L'évesque de Saint-Malo a usaige planier sans merc ne monstre à bois de maisonnage et de chaufaige générallement par toute ladite forest, excepté ès lieux et endroiz que on appelle Couslon et Tremelin, pour icelui bois estre employé ès édiffices qu'il fera en sa maison de Saint-Malo de Beignon et moulins et pons, ainsi qu'il doit instituer et commettre par ses lettres patentes un homme tel que bon lui semblera pour monstrer ledit bois aux chartiers et ouvriers dudit évesque, lequel homme sera présenté par ledit évesque ou ses officiers aux officiers de la forest tenans les délivrances, et illéc aparaistra la lettre et fera serment en jugement de soy y porter deument et de non abuser ne souffrir d'estre abusé dudit usaige et partant lesdits officiers de Brécilien lui donneront congé et licence de y servir sans qu'il en ait autre lettre que dudit évesque, et que toutes et quantes fois qu'il besognera bois audit évesque pour son dit usaige. Celui homme ainsi commis en peut prendre et faire abattre et charroier par autant que moytier en sera; pourvu que toujours soit présent de sa personne, sans qu'il y puisse commettre autre pour lui. Et si les forestiers de laditte forest trouvent les abatteurs de bois, charpentiers et chartiers ou autres gens dudit évesque exploitans en laditte forest et leur dit monstreux de bois ne soit si près qu'il ne puisse ouyr ses gens l'appeler et responde auxdits forestiers qu'il les avoue; lesdits forestiers en celui cas les peuvent rapporter ès amendes, ainsi que autres malfaiteurs, et ne les peuvent prendre à rançon.....

« L'abbé de Montfort, à cause de sa metayrie de l'Hermitage, estant en la paroisse de Campénéac, a usaige que son vaslet demeurant à laditte metayrie, peut tenir ses bestes, de quelques espèces qu'elles soient, en la paisson, ponsnaige ou herbaige au quartier que l'on appelle Haute-Forest, non ailleurs, sans qu'il soit tenu les désigner, ne rien en poier, pourveu que lesdittes bestes soient audit abbé, seulement gouvernées et conduites par son vaslet et non autre ; car ledit abbé ne peut et ne doit tenir métayer ayant part à ses bestes, et si les officiers de laditte forest trouvent que ledit metayer ait moitié ou portion, s'il ne les a écrites ou assensées ainsi que les autres habitants de laditte forest les font escrire, lesdits officiers les peuvent prendre et les appliquer en confiscation à monseigneur, selon l'usement de la forest, dont sera parlé ci-après, et peuvent lesdits officiers de la forest contraindre le vaslet ou metayer demeurant en laditte metairie de jurer et vérifier par serment s'il est vaslet ou metayer, ne s'il n'a aucune part ou portion esdites bestes estant en laditte ferme.

« Ainsi peut ledit abbé par lui demeurant audit lieu, ou son vaslet en son absence y demeurant, prendre à chevaux et cherretes pour son chauffage, bois morts chest sur feuille par autant qu'il luy en besognera et non autres bois ; et si ledit abbé veut édifier un ménage en laditte metayrie ou que pour les clôtures de ses terres lui faille bois, il ne peut abattre par pied, pourvu qu'il soit présent en sa propre personne ou l'un de ses religieux qu'il ait commis par ses lettres et dont il puisse apparoir, et autrement ne peut et ne doit user.

« Ledit abbé, comme prieur de Saint-Perran, a pareillement en laditte forest, au quartier de laditte forest, qu'on appelle Lohéac, scavoir de paisnage, de paisson et herbiage à toutes les bestes qu'il tiendra et aura en laditte metayrie et qui lui appartiennent, lesquelles il pourra faire conduire et mener en laditte forest par son vaslet, non par metayer ayant part èsdittes bestes, sans les escrire ne rien poier ; et s'il avait metayer qui eut part èsdittes bestes et il ne les escrive, on peut les prendre par confiscation, ainsi qu'il est dit des austres ci-devant. Aussi peut ledit abbé prendre pour son chauffaige bois chut tant qu'abbattu par pied s'il n'en trouvoit de chut, et pour les édiffices et réparations de sondit prieuré et des clôtures d'iceluy peut prendre et faire abbattre bois convenable pour ce faire et en user audit prieuré seulement, sans qu'il puisse faire conduire ne mener ailleurs sous ombre dudit usaige, autrement il abuserait. Même ledit vaslet ainsi usant, demeurant audit prieuré peut si bon lui semble prendre et abbattre bois pour faire cherette, chertil et roux et en user en labourage et cherroy dudit prieuré, et s'il menoit laditte cherette ailleurs que pour lesdittes choses nécessaires du dit abbé ou de lui, les officiers de laditte forest la pourront prendre et serait confisquée à monseigneur et ledit valet seroit à l'amende.

« Ledit abbé, à cause de son abbaye de Montfort, a usaige aux quartiers de laditte forest qu'on appelle Couslon et Tremelin, à tous bois pour édiffices, réparations et menages de laditte abbaye (des métairies, moulins, vignes et clôtures actuellement dépendants de laditte abbaye) car au regard du moulin du Pont-Jehan dont fut acquise une moitié par un desdits abbés de laditte abbaye et qui n'est pas de fondation ancienne (il appartenait, en 1181, à Olivier de Montfort) n'est en rien compris, ni ne doit jouir dudit usaige. Lequel bois ledit abbé peut et doit faire cheroyer par son chertier, chevaux et cherettes; quand il voudroit faire cheroyer aucuns bois pour ses édiffices autrement que par sondit chertier demeurant avec luy, il le peut faire par ainsi que l'un de ses religieux soient à ce présent et qu'il avoue lesdits chertiers, autrement on les pourroit prendre, et forester sur eux à toutes conséquences, selon l'usement de la forest, et ne les pourroit d'empuis laditte prinse iceluy abbé avouer ne garantir. Même ledit abbé peut prendre pour son chauffaige bois abbattu par pied ou autrement par autant qu'il lui en besoigne, sans le merch, ne monstre, pour son abbaye. Et ne peut ledit abbé foire assembler de cheroy pour mener ledit bois de chauffaige, mais seulement par son chertier à gaige et résidant en sa maison, est tenu le foire mener non autrement. Aussi peut tenir bestes esdits lieux de toutes espèces en paisnage sans en rien en poier ne escripts, conduits et menés par ses valets, et ne peut tenir ledit abbé métayer ayant pour esdittes bestes, laquelle part, s'ils n'estaient escriptes, pourroient être confisquées, ainsi qu'il est dit des autres ci-devant. Et est attestant que ledit abbé n'a aucun usaige au quartier qu'on appelle le Vau-de-Meu, en ce qu'il fust acquis du seigneur de St-Gilles.

« Ledit abbé, à cause de son prieuré de Guillermouz, a tous les droits et usaiges au quartier seulement qu'on appelle Couslon, comme attenance de son abbaye. Il a et peut user en Couslon et Trémelin, ainsi qu'il est plus en plain déclaré en l'article ci-devant.

« L'abbé de Paimpont, etc.......

« Le prieur de Saint-Barthelemi, etc.......

« La prieure de Thelouet, etc.......

« Le prieur de Saint-Ladre, près Montfort,

à cause de son prieuré, a usaige plainier au quartier de la forest qu'on appelle Couslon, a tous bois de maison, clôtures, vignes et austres nécessaires, et pour son chauffaige, sans merch, ne monstre, à prendre et exploiter ledit bois par lui, ses gens et vaslet pour ainxin qu'il est tenu de présenter aux officiers de la forest icoluy de ses valets ou gens qu'il voudra qui doit estre present ès fois que ledit prieur fera cheroy de bois ; car s'il n'estoit present, on pourroit prendre les chevaux dudit prieur et les rapporter et gager selon le cas ; et d'empuis laditte prinze, ne les pourroit ledit prieur saulver, garantir, ne avouer ; et même ledit prieur a usaiges a ses bestes de toutes espèces sans les escrire, ne rien en poier, pourvu qu'elles soient à lui, et austres n'y ayant part, car s'il tient métayer ayant part esdittes bestes et il ne les escrive, on les peut prendre et confisquer ainxi qu'il est dit ci-devant.

« Ledit prieur à cause de sa métayrie de Saint-Laurent des Garets, n'a aucun droit d'usaige, mais à cause de son domaine de Brangolle, il a pareil usaige au quartier qu'on appelle Trémelin qu'il a en Couslon pour son prieuré de Saint-Ladre tant de bois que de bestes, et pareillement pour son domaine de Fourneaux peut user en la forest qu'on appelle Lohéac generallement tant de bois que de bestes, excepté en breil qu'on appelle Brandeulle, qu'il n'a aucun droit d'usaige à bois, ne paisnage des bestes.

« Le prieur de Saint-Jehan, près Montfort, à usaige seulement au quartier qu'on appelle Couslon, scavoir pour son chauffaige et pour édifices et réparations des maisons dudit prieuré, par ainsi qu'il demande au contrôleur et receveur tenant les ventes, ou lorsque les pourra trouver et recouvrer et que luy sera métier, autant de bois pour son nécessaire qu'eux officiers sont tenus lui en bailler et mercher par le marteau de la forest, et autrement ledit prieur n'en peut, ne doit prendre, fors au refus desdits officiers eux suffisamment requis ; et s'ils sont refusants de lui en bailler et mercher, ledit prieur doit appeller un ou deux forestiers et en sa personne en peut prendre et faire abbattre et cherroyer ce que raisonnablement lui en besoignera pour ses affaires, sans qu'on puisse lui en faire reproche.

« Le prieur de Saint-Nicolas, près Montfort, à cause de sondit prieuré, a pareil usaige en Couslon que le prieur de Saint-Jehan, ne plus, ne moins.

« Le seigneur de Bintin, etc.......

« Le seigneur de la Roche près Tremelin, etc.
« Le seigneurs des Brieux, etc.......
« Le seigneur de Ranlou, etc.......

« Les communiers du fié de Felent. Les communiers du fié de Castonnet.

« Les communiers de la Rivière estant en la paroisse de Plélan ont usaige de conduire et mener leurs bestes d'aumaille et austres en pasnage en laditte forest au quartier qu'on appelle Lohéac, sans escrire ne rien en poier, aussi peuvent prendre bois morts chut sur feueille ce que deux hommes en peuvent tenir dans une cherette sans mettre cornier, ne autrement, excepté que ceux du fié de Castonnet ne peuvent prendre bois au breil de Trécelien, ne y mettre leurs bestes.

« Il est à sçavoir que à cause dudit usaige, les dessusdits doivent estre à la hue ès fois et quantes on chasse en laditte forest de Lohéac et qu'ils y sont ajournez, ou qu'on le leur fasse scavoir, et aussi doivent le cherroy de corvée ès réparations que monseigneur fera en ses moulins et cohue tant en Plélan que en Bréal; et mêmes sont subgitz ès fois que seront requis par les officiers de mondit seigneur de porter lettres et messaiges jusqu'à Lohéac, en leur payant la somme de quatre deniers.

« Les usaigers de Conquoret, etc. (aujourd'hui, ils n'ont plus de droit. Ils l'ont échangé pour la propriété du Landrun, ou Lande de Baranton.)

« Comment on doit se mettre ès escripts de la forest, et ès quels poiements les deniers s'en levent.

« Toustes personnes qui veulent avoir bestes en paisnage ou herbage en laditte forest doivent les escrire deux fois l'an ès officiers de la forest, scavoir : vendeur, contrôleur et receveur, ou l'un d'eux et s'en levent les dus à deux termes de l'an, scavoir : à la mi-Carême et Saint-Jean décollasse, et comme l'escript desdits poiements de Carême, inconstinent après le premier jour de mars, et doist chaque beste, soit cheval, jument, bœuf ou vache, trois sols par an, qui est dix-huit deniers par chacun desdits poiements, et combien que lesdits escripts commencent aux jours et termes susdits.

« Et selon les usements de laditte forest tout ce qui est trouvé non escript peut être confisqué à monseigneur, comme sera dit ci-après. Toutesfois d'iceux qui ont accoustumé chacun an escrire leurs dittes bestes et qui continuellement les y ont en paisnage, on ne les peut prendre, ne confisques jusques après les dernières delivrances qui tiendront après la mi-Carême, ainsi le poiement jour de mars, ou ledit poiement de Saint-Jean décollasse et pareillement après lesdittes délivrances qui tiendront ladit terme de Saint-Jean décollasse passé pour poiement de mi-Carême, et si austres bestes que celles dessusdits estoient trouvées non escriptes, on les peut prendre et confisquer toutes si on ne les trouve escriptes.

« Porcs se doivent escrire deux fois l'an, l'une en herbaige dont on paye six deniers pour chaque porc au poiement de Saint-Jean décollasse, et commence l'escript à la Saint-Jean d'hyver, ou quelquefois après les prochaines délivrances ensuivant lesdittes festes, l'autre poiement à laditte feste de saint Nicolas d'hyver pour paisson de porcs dont chacun poiement six deniers, un dit porc douze deniers, et commence l'escript à la saint Barthelemi et ès prochaines délivrances après, lesquelles délivrances après lesdittes festes passées, si lesdits porcs sont trouvés en laditte forest, hors escripts, on les peut prendre et confisquer.

« Chesvres et brebis se doivent escrire une fois l'an seulement et pour douze deniers, chascune chesvre et brebis deux deniers ès poiement de saint Jean décollasse, dont l'escript

commence aux prochaines délivrances après laditte feste sous peine d'estre confisquée, si on
les trouve hors escript et appartient la confiscation aux officiers.

« Tout homme qui veut prendre genets et
joncs en laditte forest, le peut faire en escrivant
auxdits officiers à chacun desdits trois poiments
de vente de bois, dont est ci-devant parlé, et
poira par chacun desdits poiments, s'il va o
cherrette cinq sols, et sans cherrette ce qu'il
portera au col deux sols. Item chaque homme
qui veut faucher lande en laditte forest et ès
mètes d'icelles se doit escrire pareillement à
chacun desdits termes et poiments et poira pour
chaque jour d'homme qui fauchera ou fera faucher six deniers, soit homme demeurant en laditte forest ou dehors.

« Les hommes de mondit seigneur demeurant en laditte forest peuvent prendre genets et
joncs à col sans rien en poier, mais s'ils vont o
cherrette, ils sont tenus pour ainsi que les austres ci-devant. Et aussi peuvent prendre en
Haute Forest et Lohéac, non pas en Couslon et
Trémelin, bourdaine, saudre et épines à col et
cherrette pour clore leurs bleds et leurs pièces
d'herbaiges, sans rien en poier et pareillement
la fougère seulement. Il est asscavoir qu'an-

ciennement lesdits hommes souloient poïer pour houx et lierre qu'ils prenaient en laditte forest, pour charretée quatre sols, et à col deux sols, ce que de present monseigneur leur accorde, et ne poient rien durant son plaisir. Item les demeurants hors laditte forest se peuvent escrire esdits poiements à lierre et houx, sans abbattre lesdits houx par pied et poiront six cherrettes quatre sols et pour faix à col deux sols s'ils n'ont escrit leurs bestes en paisnage, et s'ils les ont escrites y peuvent prendre lierre et houx par faix à col, ainsi que les demeurants en laditte forest.

« Tout homme qui se voudra escrire à bois d'autrui, ou un sien bois, à chate après le poiment passé, en payant douze deniers, pour une poule par chaque escrit, il sera reçu ; néanmoins que par fraude se fasse escrire audit bois d'autrui et qu'il en pourroit être taxé si il estoit trouvé exploitant ni demeurant, et par ce moyen il est sauvé de la rançon et ne peut que poyer les amendes si il y estoit trouvé exploitant.

« *Comment on doit punir les malfaiteurs en laditte forest.*

« C'est à sçavoir que par l'une des quatre manières peuzt estre fait, sçavoir, par voye et défense de laditte forest qui est : *forbani*, la seconde par prise et rançon, la tierce par confiscation et la quarte par amendes.

« *Et premier comment on peut voyer et défendre la forest à aucuns malfaiteurs et les forbanir.*

« A ce que on puisse proceder audit devoir, il faut que le malfaiteur ait commis un des trois cas, sçavoir : de bouter le feu en ladite forest pour l'endommager. Item, qu'il soit trouvé de nuit prenant et abbattant bois en laditte forest soit seigné ou non, ou qu'il soit trouvé branchant et exploitant à bestes rousses, noires et autrement, de nuit. Item, qu'il soit trouvé à bois non seigné coupant et abbattant avec ses traversins. Et pour atteindre ledit malfaiteur desdits cas, n'est mestier qui soit apuié aux délivrances de la forest, ne poursuivi en cette demande ; mais pour le rapport qui en sera fait aux officiers, ils doivent faire leurs informations duement, et s'ils trouvent le cas tel, doivent par trois forestiers a gaige et jurés faire sçavoir audit malfaiteur que pour les délits et malfaits qu'il a commis en laditte forest, elle lui est voyée et défendue, en lui insinuant et notifiant que si aucune chose avoit à dire à l'encontre pour sa justification ou autrement, le terme lui est assigné aux prochaines délivrances d'icelles ensuivant, auxquelles délivrances la partie peut venir surement et sera reçue à dire ses raisons de ladite information, c'est à sçavoir qu'elle a été faite par témoins suspects, ou s'il veut dire et offrir prouver qu'au jour dont on l'accuse dudit forfait, il était absent en d'autres lieux, et à toutes ses raisons qu'il voudra dire qui soient recevables, on le doit recevoir à sa justification, pour laquelle se soumettra à l'enquête de la Cour, à quoi on doit le recevoir, et se doivent les officiers bien acertainés de la vérité des cas ainxin que sans ledit debvoir; car si à l'enquête de ladite justification, il estoit trouvé innocent, a droit estre restitué a user en ladite forest, ainsi qu'il faisoit devant; et s'il estoit trouvé coupable, ainsi qu'à la première information, ledit debvoir seroit confirmé en jugement et de nouveau lui fait sçavoir, et de fait s'en pourra retourner par le grand chemin, sans autrement entrer en ladite forest. . . . .

« Comment un homme peust estre pris à rançon dans ladite forest.
. . . .

« Comment on peut user de confiscation en ladite forest.
. . . .

« En quelle manière on peut mettre les malfaiteurs à l'amende.
. . . .

« Comment laditte forest a poursuite et non autrement.

. . . .

« De la décoration de laditte forest et des merveilles estans en icelle.

. . . .

« Des droits et priviléges de laditte forest et des habitants d'icelle.

« En laditte forest, il y a grand nombre de gens maisonniers et habitants d'icelle, comme dit est, lesquels pour quelque marchandise, manœuvre, ne quelqu'austre chose ou mestier dont ils s'entremettent, ne sont subgets ni contributifs en laditte forest a aucun subside, ni debvoir quelconque et sont de tous temps en possession de franchise par toute laditte forest soit impot, apétissage, fouage, aide, guet, besche, ou austre quelque chose en quoi ou ait et puisse imposer les austres subgets et demeurans au pays et duché de Bretagne. Item, que les juges de laditte forest puissent connoistre et décider sur lesdits habitants de toute cause en matières réelles, criminelles et civiles, et les appellations qui se feront desdits jugements ou de l'un d'iceux, se doivent relever au conseil de monseigneur à Montfort, et illec soient discutées et prennent fin, sans que ailleurs on en puisse appeler, et autrement ne doivent estre lesdits subgets traités, fors que si en cas de excès, la

Cour de Rennes ou de Ploërmel prévienne icelle de la forest, et lesdits habitants y sont traitibles, sauf à les retirer et en avoir la revue à ladite Cour de Brécillien. . . . . »

Gui, quatorzième du nom, eut une contestation très-violente avec le vicomte de Rohan, au sujet de la préséance aux États de Bretagne. Plusieurs ducs voulurent les réconcilier, mais l'accord fut toujours impossible. Le vicomte de Rohan fit rédiger un long mémoire, qui nous a été conservé, dans lequel il veut prouver qu'il est de plus ancienne extraction que le comte de Laval, et qu'il doit avoir la première place comme plus ancien seigneur et comme descendant de l'antique race des rois de Bretagne. Le comte de Laval répliqua par un autre mémoire qui n'a pas été retrouvé. Il faisait dériver son droit à la préséance de la baronie de Vitré et, en outre, en sa qualité de seigneur de Gaël et de Montfort, il pouvait, aussi lui, prétendre à la descendance des rois de Bretagne.

Le mémoire du vicomte de Rohan est de 1479. La contestation, qui lui donna naissance, n'a jamais été terminée.

Gui, quatorzième du nom, mourut en 1486. Son fils aîné, qui avait nom François, prit celui de Gui et devint le quinzième du nom. Il avait épousé, comme il est dit ci-dessus, Catherine d'Alençon. A la mort de son père, il prit possession des pays, comtés, terres et seigneuries de Laval. Il embrassa la carrière des armes et mourut sans enfants, en 1500.

Son neveu, Nicolas de Laval, fils de Jean de Laval et de Jeanne, comtesse de Quintin et dame du Périer, lui succéda dans ses titres et ses droits. Il prit le nom de Gui, seizième du nom.

Gui XVI épousa, à Lyon, en 1500, Charlotte d'Aragon, princesse de Tarente. Il suivit la cour de Charles VII, de Louis XII et de François Ier, rois de France.

Il eut, d'une fille Espinay, un bâtard nommé François de Laval, qui devint évêque de Dol, abbé de Paimpont et du Tronchet, et se fit légitimer afin de passer son héritage à son frère. Il fut inhumé à Dol, en 1555.

Gui XVI avait eu de son mariage avec Charlotte d'Aragon, trois enfants : François, Jeanne et Anne.

Après la mort de Charlotte d'Aragon, il épousa en secondes noces Anne de Montmorency, fille de Guillaume de Montmorency, premier baron de France. De ce mariage naquirent : Claude, Catherine et Anne.

Anne de Montmorency étant morte, il épousa en troisièmes noces Anthoinette de Daillon, fille de Jacques, baron de Lude et d'Illiers en Beauce. De ce mariage naquirent plusieurs enfants, dont une fille, nommée Charlotte, vécut seule.

1° François, l'aîné de tous ces enfants, ne paraît pas avoir été marié. Il fut tué à Milan, au siége de la Bicoque, alors qu'il était au service du roi de France.

2° Jeanne épousa le sieur de Rieux.

3° Anne fut mariée au sieur de la Trimouille, qui était veuf.

4° Claude épousa, à Châteaubriant, Claude de Foix.

5° Catherine fut mariée au sieur de Guemené

6° Anne épousa le sieur de la Rocheguyon.

7° Charlotte fut mariée au sieur de Châtillon, maréchal de France et puis amiral sous Henri II. L'amiral de Coligni, tué à la Saint-Barthélemy, était frère du fameux d'Andelot.

Claude hérita le nom et les titres de son père ; mais, comme il était en bas âge, il fut mis sous la tutelle de son oncle, Jean de Laval, seigneur de Châteaubriant. Il fut Gui XVII°. Il épousa, comme il vient d'être dit, Claude de Foix, fille d'Odet de Foix, sieur de Lautrec et d'Orval.

Il prit part à toutes les guerres de François I°" contre l'empereur Charles-Quint. Il fut en otage pour le roi de France, pendant sept ou huit ans, à ses propres dépens. A son retour, on le gratifia d'une compagnie de cinquante hommes, et il devint chevalier des ordres du roi. Peu de temps après, le 25 mai 1547, il décéda, à Saint-Germain en Laye, à l'âge de trente-cinq ans, ne laissant pas d'enfants.

Avec lui finit la branche directe, masculine, des Gaël-Montfort, car les Laval étaient de purs Montfort.

Cette famille, qui a commencé avec Raoul de Gaël, vers 1050, s'est perpétuée de mâle en mâle, sans interruption, jusqu'en 1547, ce qui lui donne une existence de près de cinq cents ans.

Branche féminine.

Gui XVII étant mort sans postérité, sa succession passa à la descendance de sa sœur aînée, Jeanne de Laval, laquelle avait épousé Claude de Rieux et de son mariage avait laissé deux filles : Renée et Claude. Renée, sa fille aînée, la représenta au titre de Laval.

Renée épousa le marquis de Nesle, comte de Joigny; de son côté, Claude, sa sœur, épousa François de Coligni, seigneur d'Andelot, frère de l'amiral.

Le mariage de Renée avec le marquis de Nesle, qui était tortu et bossu, fut une source de divisions, de divorces et de procès continuels. Jamais époux n'avaient été si mal assortis.

Nous n'entrerons point dans le dédale de toutes les chicanes qui furent cause d'un amoindrissement très-notable de la fortune colossale des Laval.

Pendant tous ces débats, la baronie de Lohéac fut vendue, à vil prix, au sieur de Sainte-Maure.

En 1553, d'Andelot fit un accord avec Renée, sa belle-sœur, au sujet des terres du comté de Laval. En 1557, par arrêt de la Cour, il y eut partage entre d'Andelot et l'amiral son frère. Coligni eut, du titre de sa femme, les seigneuries de Tenténiac, de la Thébaudaye et de Bossac; d'Andelot eut la Bretèche, mille livres de rente sur Rochefort, et les terres de Rieux, de Pontchâteau et de la Rochebernard. Il eut aussi le comté de Montfort par acquêt. Au marquis de Nesle échut Laval et Quintin; et, à sa femme, Vitré, Olivet et Rochefort. Ainsi se termina le procès.

L'année suivante, il se fit, à Angers, un nouvel accord entre le marquis et d'Andelot, au sujet des seigneuries de Gaël et de Bécherel.

Branche d'Andelot.

D'Andelot, par son mariage avec Claude de Rieux, devint héritier d'une partie des biens de Laval, et ensuite acquéreur du comté de Montfort, comme nous venons de le voir.

Il avait embrassé le calvinisme et en était un fougueux partisan. En 1558, il fit un voyage en Bretagne sous prétexte de visiter ses terres; mais son véritable but était d'y introduire le calvinisme, que l'on appelait alors huguotisme. Il se fit accompagner par un ministre de la nouvelle réforme, et prêcha d'ailleurs lui-même, sans qu'on osât s'y opposer, parce qu'on craignait son caractère violent. Ce fut auprès de Nantes qu'il établit le premier prêche; ensuite, il en établit un autre dans son château de la Bretêche, à deux lieues de la Rochebernard, et de là, il envoya deux ministres prêcher au Croisic; d'où le calvinisme pénétra à Guerrande et à Piriac.

Pendant ce même voyage, il érigea aussi un temple au château de Comper, où une salle est encore conservée. Elle se trouve dans la cour, au-dessus des piliers qui supportent aujourd'hui des greniers à foin. Sa forme et ses couleurs rouges sont très-reconnaissables.

D'Andelot ne manqua pas de venir à Montfort; mais il n'existe aucune preuve qu'il y ait fait des prosélytes. C'est pendant son séjour dans cette ville qu'il fût témoin de la venue de la fameuse cane de Montfort.

Voici le caractère de ce seigneur tracé par l'auteur de la *Biographie universelle* : « François de Coligni, quatrième fils de Gaspard de Coligni, premier du nom, naquit à Châtillon-sur-Loing, en 1521. Il signala sa valeur dans les guerres civiles contre sa patrie, son roi et la religion de ses pères. Il fut colonel de l'infanterie dans l'armée des rebelles, en 1551, par la démission de l'amiral son frère, et mourut à Saintes, en 1569, d'une fièvre contagieuse, selon les uns, et du poison suivant d'autres. »

Il laissa de son mariage deux fils, dont l'un fut comte de Laval et l'autre comte de Rieux.

Ces deux fils héritèrent du fanatisme fougueux de leur père. Ils troublèrent leur patrie et firent couler des flots de sang.

Ils moururent, tous les deux, en 1586, à la suite d'un combat livré à Saintes contre les troupes royales.

Il ne resta par suite du comte de Laval qu'un seul fils, en bas-âge, qui fut mis sous la tutelle d'Anne d'Alegre, sa mère, et mourut en 1605, sans postérité. Avec lui finit la branche de d'Andelot, au comté de Laval et de Montfort.

Branche de la Trimouille.

Louis de La Trimouille avait épousé, en 1521, Anne de Laval, fille de Gui XVI et sœur cadette de Jeanne, la tige des d'Andelot.

Du mariage de Louis de La Trimouille et d'Anne de Laval, naquit Louis de La Trimouille, duquel sortit Claude; ce fut le fils de ce dernier, Henri, qui hérita les comtés de Laval et de Montfort, en 1605, du chef de sa bisaïeule Anne de Laval.

Henri de La Trimouille était duc de Thouars, prince de Talmont, comte de Laval, de Montfort, baron de Vitré, etc. Il épousa, en 1619, Marie de La Tour, fille de Henri, duc de Bouillon, prince de Sédan, vicomte de Turenne, etc., et d'Élisabeth de Nassau.

Montfort au temps de la Ligue.

Selon le journal de M⁰ Jehan Pichart, notaire royal et procureur au parlement, la Ligue commença, en Bretagne, le lundi 13 mars 1589, à la foire de la mi-Carême de Rennes. Le chef de l'émeute fut Raoul Martin, alloué de Rennes. Ses principaux complices étaient : François Boutailler, François Languedoc, Messire Salomon de Kerbonnez, recteur de Mordelles, et Pierre Odyon, notaire royal.

Au commencement de la Ligue, le duc de Mercœur s'empara de Montfort; mais il n'y tint pas longtemps.

Le duc de Montpensier, lieutenant-général du roi de Bretagne, mit une garnison à Montfort avec un gouverneur. Le premier gouverneur, François de Cahideuc, sieur de la Boullaie, y fut établi, le 11 octobre 1589, avec cinquante arquebusiers à cheval ; mais il n'y resta pas longtemps. Au reste, voici une requête qu'il adressa au roi :

« Sire,

« François de Cahideuc, sieur de la Bou-
« laye, vous remonstre très-humblement que
« ne désirant moins suivre les vestiges de ses
« ancestres, bisayeuls, ayeul et père au service
« de vos prédécesseurs roys de France et de
« Vostre Majesté, il n'a voulu espargner non
« seulement ce que Dieu luy avoit donné de
« moyens, mais a exposé sa vie en plusieurs
« endroits en vostre armée et pays de Bretai-
« gne, et par effet fait cognoistre lorsqu'il a été
« commandé par monseigneur de Montpensier
« de se mettre en la ville et chasteau de Mont-
« fort, le 11 octobre 1589, avec cinquante
« harquebusiers à cheval, à laquelle place il y
« demeura jusques au 20 juillet ensuivant 90,
« durant lequel temps il feit fortiffier vostre
« ditte ville et chasteau et refaire les murailles
« tout de neuf, pour la rendre en défense, tel-
« lement que le duc de Mercœur, son armée et
« gens de guerre n'y ont sçeu depuis entrer, le
« tout par le commandement de monseigneur
« de Montpensier ; lequel, néanmoins, sans

« égard à que dessus, et que ledit sieur estoit
« originaire dudit pays, aimé des habitants de
« laditte ville et manants du plat pays, le 22
« dudit mois de juillet, y auroit mis le sieur de
« Sarrouette qui y est encore à présent, et trois
« jours après auroit envoyé icellui suppliant
« avecq sa compagnie pour donner secours aux
« habitants de Sablé, où il fust pris prisonnier,
« mené à Dynan, et y demeuré sept mois et
« perdu en rançon et austres frais, deux mille
« huit cents écus, n'ayant laissé toutefois sa
« compaignie d'estre toujours près de mondit
« seigneur de Montpensier. Et le 23 mars 1592
« estant hors de prison, fut commandé par
« mondit seigneur de Montpensier d'entrer
« avecq sa compaignie en la ville de Ploërmel
« menacée de siége, ce que pensant effectuer,
« sa compaignie fut défaite, lui de rechef mené
« prisonnier audit Dynan, retenu l'espace de
« dix mois, où il a despendu le reste de ses
« moyens, sans comprendre deux mille vingt-
« six escus qu'il avoit advancez de son propre
« bien pour la réparation dudit Montfort. Ce
« considéré, etc. qu'il n'est juste que ledit sieur
« Sarrouette jouisse de son labeur et se serve
« de ses meubles sans lui en faire récompense,
« plaise à Vostre Majesté ordonner aux sieurs

« maréchal d'Aumont et de Saint-Luc, ou l'un
« d'eux en l'absence de l'autre, pour ouïr tant
« ledit sieur de Sarrouette que le suppliant, sur
« les fins d'icelle et leur faire droit, etc. RES-
« PONDU. La présente requeste renvoyée aux
« sieurs mareschal d'Aumont et de Saint-Luc,
« ou l'un d'eux en l'absence de l'autre, pour
« ouïr tant ledit de Sarrouette que le suppliant,
« sur les fins d'icelle et leur faire droit, etc.
« Fait au conseil du roy tenu à Mante, le 14 fé-
« vrier 1594. Signé : Fayet. »

La tenue des États, en date du 4 janvier 1593, avait remontré au roi que Montfort était du nombre des places où il devait y avoir garnison.

La garnison de Montfort avait été menacée, en 1591; mais, le 6 avril, MM. de Cucé et d'Asserac, ainsi que nombre d'autres gens de guerre, allèrent lui porter secours. L'année suivante, elle fit une sortie et surprit deux châteaux où furent trouvés les équipages de deux compagnies de chevau-légers.

Le 12 juin 1593, la communication entre Rennes et Montfort n'étant pas sûre, les compagnies du sieur de la Frosse et du capitaine Clou furent envoyées dans le château de Mejusseaume pour tenir le passage plus libre.

Montfort était une place importante pour le

parti royaliste. Le sieur de La Tremblaye y fit passer, en 1594, trois ou quatre cents hommes, pour aller épier les ligueurs qui s'étaient fortifiés dans le château de Comper dont on résolut alors le siége. Le maréchal d'Aumont fit sortir de Rennes, le 20 juin 1595, les deux gros canons neufs de cette ville, avec des munitions, qui furent transportés le lendemain à Montfort et, de là, à Comper. Le 2 juillet suivant, Montbarot se rendit au siége. Le maréchal d'Aumont s'avança trop près pour reconnaître la place et reçut une arquebusade au bras, ce qui le mit hors de combat. On le transporta à Montfort où se trouvait la comtesse douairière de Laval qui fut fort affligée de cet accident. On rapporte que le maréchal, en la voyant, lui dit : « Voilà, Madame, l'état où votre amour m'a réduit. » En effet, elle avait su lui inspirer, ainsi qu'au sieur de Saint-Luc, de vifs sentiments d'amour. Des mémoires du temps rapportent qu'elle était le conseil de ces deux généraux. La blessure du maréchal d'Aumont fit lever le siége ; mais M. d'Andigné de la Châsse s'empara, par ruse, quelque temps après, du château de Comper.

Montfort tint, pendant tout le temps de la Ligue, le parti de Henri IV et empêcha le pillage des environs.

Étendue du comté de Montfort[1].

PAROISSES :

Saint-Jean-Baptiste de Montfort. — Saint-Nicolas de Montfort.— Coulon de Montfort. — Bédée.— Pleumeleuc.— Bréteil.— Saint-Gilles. —Clayes.—Parthenay.—Romillé.— Irodouër. — Landujan.— Le Lou.— La Nouaye. — Iffendic.— Talensac.— Le Verger.— Monterfil. — Saint-Maugand. — Saint-Gonlay.— Saint-Mâlon.— Saint-Péran. — Paimpont. — Saint-Malo de Baignon.— Baignon.— Tréhoranteuc. —Guilliers.

Voici maintenant, avec leurs prix, les ventes des fiefs, juridictions et seigneuries, qui eurent lieu sous les La Trimouille.

[1] Tiré d'anciens aveux rendus au roi.

BRETEIL. Messire Olivier de Taillefer, sieur de la Brunais, par contrat du 23 mars 1642, au rapport de Mahé et de Berthelot, notaires royaux à Rennes, acquit les fiefs du bailliage de la Touche-Parthenay, situés en la paroisse de Breteil, avec les droits de supériorité et de fondation en ladite église, pour le somme de 6,300 livres.

PLEUMELEUC. M. François Glé, sieur de la Besnerais, par contrat du 23 mars 1632, acquit tous les fiefs, tenues et mouvances, tant nobles que roturiers, relevant du bailliage appelé la Prévôté de Pleumeleuc, pour la somme de 6,300 livres.

SAINT-GILLES et CLAYES. M. René de Monbourcher, sieur du Bordage, par contrat du 21 mars 1642, au rapport de Mahé et de Berthelot, notaires royaux à Rennes, acquit tous les fiefs et mouvances, tant nobles que roturiers, des paroisses de Saint-Gilles et de Clayes, avec les droits de fondation, de supériorité et autres droits honorifiques dans lesdites églises; à l'exception de la seigneurie du château de Saint-Gilles, laquelle resta attachée à la mouvance du comté de Montfort, sans pouvoir en être distraite; pour la somme de 6,600 livres.

PARTHENAY. Dame Gillette Nouail et écuyer Gilles Ravenel, son fils, sieur du Plessix, par contrat du 25 mars 1632, acquirent les fiefs et bailliages de Parthenay, avec toutes les rentes et devoirs, dépendants du comté de Montfort, les droits de supériorité et de fondation en ladite église, pour la somme de 10,000 livres.

MONTERFIL. M. Jacques Busnel, sieur de la Guillemenière, par contrat du 20 mars 1642, au rapport de Doublart et Berthelot, notaires, acquit tous les droits de supériorité, fondation, prééminence et autres droits honorifiques en l'église de Monterfil, pour le tout relever conjointement du comté de Montfort; pour la somme de 3,000 livres.

TALENSAC. M. Gilles Huchet, sieur de la Bédoyère, par contrat du 23 mars 1642, acquit le droit de supériorité et de fondation en l'église de Talensac, les rentes et mouvances dans le fief et bailliage de la prévôté de la Rigadelais, de plus un canton de bois, en la paroisse de Coulon, sur les bordières de Talensac, dépendant de la forêt de Brécilien; le tout, pour relever, avec ses terres et seigneurie de la Bédoyère, prochement du comté de Montfort; pour la somme de 10,000 livres.

LANDUJAN et IRODOUER. M. Jean Peschart,

baron et seigneur de Beaumanoir, par contrat du 26 mars 1642, au rapport d'Odyon et de Berthelot, notaires royaux à Rennes, acquit les fiefs, tenues et bailliages, tant nobles que roturiers, dépendant du comté de Montfort, ayant cours aux paroisses de Landujan et d'Irodouër ; pour le tout, conjointement avec ses terres, fiefs et juridictions en dépendant, relever prochement et noblement du comté de Montfort, à foi et hommage, sans rentes ni rachat, sans pouvoir jamais être distrait dudit Montfort ; pour la somme de 3,800 livres.

Le Lou. M. Rolland de la Lande, sieur du Lou, acquit, par contrat du 23 mars 1642, au rapport de Berthelot et de Mahé, notaires, les fiefs et mouvances, tant nobles que roturiers, situés en la paroisse du Lou, pour la somme de 1,200 livres.

Iffendic, Saint-Maugand, Saint-Gonlay. Les différentes juridictions d'Iffendic furent vendues, par portions, à divers seigneurs ; mais la haute seigneurie ne fut vendue que plus tard, comme nous le verrons. Nous allons suivre les ventes telles qu'elles se présentent.

M. Jean-Baptiste d'Andigné, seigneur de la Châsse, conseiller à la Cour, acquit, par contrat du 18 mars 1642, au rapport de Mahé et de Berthelot, les fiefs et bailliages de la Verrie d'Iffendic, de Saint-Maugand et de Saint-Gonlay, seulement en la paroisse de Saint-Gonlay, pour la somme de 45,500 livres.

Dans la paroisse d'Iffendic, dame Françoise Frotet, dame de la Dobiais, par contrat, du 18 mars 1642, au rapport de Mahé et Berthelot, acquit l'honneur et la faculté de tenir et relever sa terre et seigneurie du Breil de la mouvance de Montfort, avec ses appartenances et dépendances, situées tant en la paroisse d'Iffendic qu'ailleurs, sans que les droits de ladite terre et seigneurie pussent être vendus à d'autres; pour la somme de 2,700 livres.

Dans la même paroisse, Sébastien de Cahideuc, par contrats des 18 et 26 mars 1642, acquit les mêmes droits que la dame de la Dobiais, avec d'autres droits mentionnés auxdits contrats, pour la somme de 3,500 livres.

Dans la même paroisse, M. Briant Huchet, seigneur de Kerbiguet, et François Rabinard, sieur de la Fleuvrais, par contrat du 5 mars 1642, au rapport de Mahé et Berthelot, acquirent; le premier : les fiefs et bailliages de Tresvit, d'Ysaugoët et de la Roche, ayant cours aux paroisses d'Iffendic et de Monterfil; le second : le droit de conserver irrévocablement les seigneuries de ses terres et les seigneuries de la Roche-Trébullan et du Perray, sous la mouvance du comté de Montfort; pour la somme de 15,700 livres.

Briant Huchet, que nous venons de citer, épousa, en 1623, Louise Rabinard, fille de François Rabinard, qui lui apporta le Plessix-Cintré, dont il prit le titre. C'est lui qui est la tige de la famille Cintré actuellement existante. Le Plessix-Cintré est venu de la famille des Bart, de Vairière, en la paroisse du Rheu.

Dans la même paroisse, M. André Bazin, seigneur du Bois-Geffroy, conseiller au parlement de Bretagne, par contrat du 25 mars 1642, au rapport de Mahé et de Berthelot, acquit les fiefs et bailliages d'Alensac et de la Bouyère, en nature de haute, moyenne et basse justice, pour relever, avec sa terre de Tréguil, du comté de Montfort; pour la somme de 8,000 livres.

Un mot, en passant, sur Tréguil. Ce château appartenait, en 1642, à André Bazin; en 1666, à Gui Dupont de Chevilly; en 1682, à N. de la Busnelais, premier président à la Chambre des comptes de Bretagne; en 1715, à Joseph Huchet, seigneur de Cintré, dont la famille est encore en possession

SAINT-MAUGAND. Jean du Vau-Ferrier, sieur

de la Bassardaine, par contrat du 18 mars 1642, au rapport de Mahé et de Berthelot, acquit le droit de ne relever sa terre que du comté de Montfort, pour la somme de 900 livres.

Ventes, aliénations & démembrements de la forêt de Brécilien.

M. François d'Andigné, seigneur de la Châsse, conseiller au parlement de Bretagne, par contrat du 2 décembre 1629, au rapport de Sigay et Bechu, notaires à Vitré, acheta cinquante-quatre journaux de bois, à mesure de la forêt, ce qui fait trente sillons par journal, à prendre au canton du Perray; pour la somme de 415 livres.

Le même seigneur de la Châsse, par autre contrat du 28 mars 1630, au rapport de Guillemot, notaire royal à Montfort, acheta les fiefs, rentes ordinaires et obéissances dues à la juridiction de Brécilien, à raison de trois deniers pour sillon de terre, selon l'usement de la forêt de Brécilien; à prendre aux villages de la Sangle, de Coëtbot, du Haut-Champ, des Buissons, des Trois-Chesne et du Perray; lesdites rentes montantes, au dossier des rôles rentiers, à 32 livres 7 sous 5 deniers; pour la somme de 1,349 livres et 1 sou.

Écuyer Benjamin de Laage, par contrats du

29 novembre 1629 et du 28 mars 1630, dont les minutes sont chez Guillemot, notaire royal à Montfort, acheta la juridiction en basse voirie et les rentes dues au seigneur de La Trimouille par les hommes et sujets des villages de Folle-Pensée, de Pertuis-Néanti et de Frémur, à raison de 3 deniers par sillon de terre, qui se montent, au dossier des rôles rentiers, à la somme de 46 livres par an; pour la somme de 1410 livres.

Le même Benjamin de Laage acheta, en outre, deux cantons en bois taillis et en terres vagues; l'un appelé le canton de la Grenouillière, contenant cent quarante journaux; l'autre le taillis de Gurvant et la Vallée des Portes, contenant ensemble cent dix journaux, avec haute, moyenne et basse justice; pour la somme de 1850 livres.

Écuyer Guillaume Rabinard, par contrat du 28 mars 1632, au rapport de Guillemot et de Regnier, notaires royaux à Montfort, acheta deux moulins à eau avec l'étang de Carraye; de plus, les fiefs, juridictions, haute, moyenne et basse justice, s'étendant sur les hommes et vassaux de la châtellenie de Brécilien, en la bourge de Saint-Perran, aux villages et cantons de la Bernardière, de la Martinais, du Gazeul, des

Fourneaux, des Plesses de la Vallée et de la Jaroussaie, avec les rentes dues par les hommes, montant à 119 livres 17 sous, à raison de trois deniers par sillon, selon l'usement de la forêt ; de plus, le fond et le bois de futaie des Relaissés, joignant à autre bois taillis auparavant vendu audit acquéreur; pour la somme de 16,804 livres.

Eustache Le Moine, sieur du Grand Delieuc, par contrat du 23 mars 1630, au rapport de Guillemot et Regnier, acheta les rentes ordinaires dues à la châtellenie de Brécilien, à raison de trois deniers par sillon, selon l'usement de la forêt ; qui se montaient, au dossier des rôles rentiers, à 13 livres par an ; sans aucun droit de fief et de juridiction sur les hommes et sujets des rentes vendues ; y compris 10 sous de rente par même contrat, franches et amorties au profit dudit acquéreur qui les devait sur les autres terres; pour la somme de 262 livres.

Jacques Poluche, sieur de La Motte, par contrat du 28 mars 1630, au rapport de Regnier et de Guillemot, notaires à Montfort, acheta le lieu et la maison appelés vulgairement la Contorise, en Beauvais, paroisse de Paimpont ; de plus, six journaux en bois de haute futaie, situés derrière la maison, et un journal et demi au haut de la petite vallée du Gabit ; de plus, l'amortissement de 7 livres 7 sous dus par ledit sieur de La Motte ; de plus, le moulin du Châtenay, avec l'étang, droit de mouture et droit de faire un autre moulin au-dessus du précédent ; de plus 100 livres 12 sous de rente qui étaient dus à la châtellenie de Brécilien par les hommes et vassaux d'icelle et des villages de Bréhello, de la Touche-Guérin, de la Gueste, des Rues-Jehan, du Châtenay et Gabit, de la maison et terres de Hucheloup, du Proneux, du Gué-au-Moine, de Lorgeril et de Pomblay, avec le droit de haute, moyenne et basse justice ; le tout pour la somme de 8,794 livres.

Écuyer Jacques de Forcans, sieur de Maradan, par contrat du 21 mai 1630, au rapport de Regnier et de Guillemot, acheta, à la même raison de trois deniers par sillon, montant à 16 livres 12 sous, les rentes ordinaires dues à la châtellenie de Brécilien, par plusieurs particuliers dénommés au contrat, avec la basse justice seulement ; pour la somme de 498 livres 10 sous 6 deniers.

Le sieur du Grand Delieuc, par contrat du 21 mai 1630, au rapport de Regnier et de Guillemot, acheta le fief et la juridiction de la basse voirie, seulement sur les hommes débiteurs des rentes par lui acquises par contrats du 22 février 1629 et 23 mars 1630; pour le prix de 130 livres.

Lesdits de Forcans et Le Moine, dénommés aux précédents articles, achetèrent les rentes, fiefs et juridictions, en basse voirie, dus à la châtellenie de Brécilien, ès-paroisses de Coulon, de Talensac et d'Iffendic, montant à 26 livres, au contrat ci-devant; pour la somme de 806 livres.

Écuyer Jean Madic, sieur des Maisons-Neuves, par deux contrats du 28 mai 1630, au rapport de Regnier et de Guillemot, acheta, 1° en forme d'afféagement de fond, dix journaux de terre en la forêt de Brécilien, près la maison du vieux Ranlou, pour la somme de 75 livres; 2° le bois étant sur les dix journaux, pour la somme de 195 livres; ensemble 270 livres.

Nous croyons que le nom de Ranlou, dont il est ici parlé, vient de deux mots celtiques : ran, qui signifie partie, portion; et louch, maison dans un bois. Ranlou, maison qui a une portion de bois.

M. François d'Avaugour, sieur de Lohière,

par contrat du 25 juillet 1631, au rapport de Morfouace et de Gaspais, régistrateurs, acheta un canton de terre en la forêt de Brécilien, appelé le Pas à la Chèvre, de dix journaux, mesure de forêt, pour servir d'emplacement à un étang ; de plus, les rentes ordinaires en la châtellenie de Brécilien, à raison de trois deniers par sillon, selon l'usement de la forêt, due par les hommes et sujets au fief et frairie de Trudo, de Tréal, du Herry, de la Croix-Perrault, des Hautes et Basses Rivières, de la Cocarre, de Boncours, du Pont aux Bretons, de la Ruellée, de Plaisance, du Bas du Gué de Plélan, en ce qui dépend de Brécilien, du Perray et des Moraux ; lesquelles rentes montant, au dossier des rôles rentiers, à la somme de 196 livres 10 sous 6 deniers; avec le droit de haute, moyenne et basse justice; pour la somme de 7,962 livres.

M. Jacques Saulnier, sieur de la Villaubry, par contrat du 2 août 1630, au rapport de Regnier et de Guillemot, acheta 171 livres de rente, avec le fief et la juridiction en haute, moyenne et basse justice, à raison de trois deniers par sillon, sur les hommes et vassaux des villages et frairies de Thelouet, de Coganne, du Canée et autres mentionnés au contrat; sans comprendre autres petites rentes particulières hors lesdites frairies, les affranchissements stipulés par ledit contrat, et 97 livres de rente qu'il devait; de plus, deux étangs nommés les Prés de la Ruice et les Marais, avec droit de faire bâtir un moulin; de plus, quatre-vingt-quatre journaux de terre, partie sans bois et partie vague; pour la somme de 22,805 livres.

M. Mathurin de Rosmadec, seigneur, baron de Gaël, par contrat du 3 août 1631, au rapport de Gautier et de Gaspais, régistrateurs et notaires royaux à Rennes, acheta 162 livres de rente, à raison de trois deniers par sillon, dues à la châtellenie de Brécilien par les hommes et vassaux d'icelle, ès-villages et frairies de Gaillarde et la Ville..... dans la paroisse de Concoret; avec le droit de haute, moyenne et basse justice; de plus, deux cents journaux de terre dans la forêt de Brécilien, près le château de Comper; le tout, pour la somme de 12,487 livres.

Messieurs d'Andigné, seigneur de la Châsse, et Jacques de Farcy, seigneur de Painel, par contrat du 19 mai 1653, au rapport de Berthelot, régistrateur, achetèrent le pur féage, le tout des forêts de Brécilien et de Lohéac, dépendant du comté de Montfort; quoique ce soit qui en reste non contracté ni afféagé, ainsi qu'elles s'étendent en leurs circonférences et grandeurs, fonds, gallois, terres vaines et vagues; à commencer au ruisseau de Boutavant et finir aux extrémités des terres desdites forêts; en ce qui appartient au seigneur duc de La Trémoille ; avec les panages, paissons, assens et glandées dues auxdites forêts et les cinquante criblées d'avoine et les cinquante poules dues par les habitants de Concoret; avec le droit de fief et de juridiction dans lesdits bois et forêts; tout ainsi que ledit seigneur duc a le droit et la possession, leur délaissant à cette fois l'auditoire lui appartenant au Gué de Plélan; à la charge auxdits sieurs de la Chasse et de Painel de payer et acquitter, pour le temps à venir, toutes les rentes, légats, usages et chauffages et autres devoirs qui seront et se trouveront dus sur lesdites appartenances d'icelles, de quelque nature et qualité qu'elles puissent être et à quelques prix, sommes et espèces qu'elles puissent se monter, selon que lesdites forêts s'en trouveront chargées, et en général toutes les charges desdites forêts, sans aucune réservation, et à charge de relever le tout de la seigneurie et comté de Montfort, à devoir de foi, hommage, sans rente ni rachat; pour la somme de 225,000 livres.

La forêt dont nous venons de rapporter la vente relevait du roi, tant à Rennes qu'à Ploërmel. Pour l'intelligence de cette mouvance, nous allons tracer la ligne de démarcation.

Cette ligne commence à la fontaine de la Chapelle Saint-Julien, au Gué de Plélan, suit le chemin qui conduit au village de Gaillarde et, de là, se dirige vers le bourg de Tréhoranteuc.

Breils sous la mouvance de Ploërmel.

Les breils de Trécelien, du Perray, de la Moutre, de la Planche, de Trégouet, de Coquantes, de Coueteri, d'Ysaugoët, du Petit et du Grand Châtenay, du Chêne dom Guillaume, du Segle de Beauvais, du Gué de Mauve, de la Marre Noire, et le breil commençant à Loguin, le long du haut breil, et le bord de la Lande de Baranton, au-dessus de la fontaine, tirant au chemin situé au-dessous du village de la Folle Pensée.

Breils sous la mouvance de Rennes.

La partie qui dépend de Rennes prend aux étangs de Comper, suit le ruisseau des Moulins jusqu'au village des Bourdonnais, puis longe la haute futaie jusqu'au bois taillis du Haut-Champ, et ensuite un ruisseau jusqu'au bois de Ranlou ; là, elle continue le long de la forêt jusqu'à la Planche de Boutavant et à l'étang, suit le buisson de Boutavant jusqu'au fort vulgairement appelé le Fort de la Douve et, de là, continue jusqu'au milieu de l'étang de Trécoët; remonte le ruisseau de Trécoët jusqu'aux domaines de Francmont à la Chaussée-Haie; prend le ruisseau qui commence au village des Coquenues et se jette dans un autre ruisseau au village de la Rivière, pour aboutir ensemble au Gué de Plélan.

Breils contenus dans ces limites, avec leur estimation de 1682.

Le breil du Fort Michon, 200 journaux.

Le breil du Herry, 1200.

Le breil Abert, 120.

Le breil de Trédal et des Préaux, 140.

Le breil des Boucos et des Boullais, 500.

Le breil Rond et les Vieilles Ventes, 340.

Le breil des Burons, de Poulet et des Trois Chênes, 1,800.

La Croix Bandeule et la Jorrossaye, 700.

La Lande-Close, la Lande-Marie et le breil au Sanglier, 900.

Le breil Roullon, Hendré, Coët-Courron, Hudredo, Pral, Galitium et la Moraye, 1,600.

Le breil entre Thelouet, le Pont de la Courbe, des Douets, de la Brosse, du Pré à la Reine, de la Joutelaye et de la Faverais, 2,000.

Les Brousses-Noires, la Prise-Notin, la Plesse de Guilgroye, le breil Jagu, le breil d'entre Thelouet et Gaillarde, 700.

Revenons maintenant à Henri, duc de La Trimouille, le premier de la famille qui reçut en héritage le comté de Montfort. C'est lui qui fit toutes les aliénations qui viennent d'être rapportées ; il avait obtenu, pour cet effet, plusieurs lettres-patentes du roi, en 1627, 1635, etc.

Henri de La Trimouille avait embrassé la religion de Calvin ; mais, en 1628, il abjura entre les mains du cardinal de Richelieu, pendant le siége de La Rochelle, où il se trouvait. Il présida, comme baron de Vitré, les États de Bretagne : 1° à Nantes, en 1623, 1626 et 1628 ; 2° à Dinan, en 1634 ; 3° à Rennes, en 1640 et 1645 ; 4° à Vannes, en 1643 ; 5° à Vitré, en 1655, etc.

Lors de la paix de Munster, en 1648, il envoya un commissaire pour soutenir les droits et les prétentions qu'il avait au royaume de Naples, à cause d'Anne de Laval, l'une de ses bisaïeules.

De son mariage sont issus : Henri-Charles ; Louis-Maurice, abbé de Charroux et de Talmont ; Armand-Charles, comte de Taillebourg ; Élisabeth ; Marie-Charlotte.

Henri-Charles, fils aîné, naquit en 1621, et épousa, en 1648, Amélie de Hesse-Cassel, fille de Guillaume V, landgrave de Hessel, et d'Amélie-Élisabeth de Hanaw Muntzereberg. Il abjura le calvinisme en 1670 et mourut au château de Thouars, le 24 septembre 1672, à l'âge de 52 ans.

De son mariage sont issus : 1° Charles-Belgique-Hollandique ; 2° Frédéric-Guillaume, abbé de Charroux et de Talmont, chanoine de Strasbourg et puis maréchal de camp, qui épousa, le 2 décembre 1707, Elisabeth de Bullion, fille de Charles-Denis de Bullion, marquis de Galardon, etc., et de Marie-Anne Rouillé. 3° Charlotte-Amélie-Henriette, mariée à Antoine d'Altembourg ; 4° Henriette-Céleste ; 5° Marie-Silvie.

Charles-Belgique-Hollandique, fils aîné, naquit en 1655, et épousa, en 1675, Magdelène de Créquy, fille de Charles et d'Armande de Saint-Gélais-Lusignan. Il rendit, en 1682, aveu au roi pour son comté de Montfort, et mourut le 1ᵉʳ juin 1707.

Il laissa de son mariage : Charles-Louis-Bretagne et Marie-Anne-Victoire, mariée, en 1696, à Emmanuel-Théodose de La Tour, duc d'Albret.

Charles-Louis-Bretagne, fils aîné, était né en 1683 ; il épousa, le 12 avril 1706, Magdelène de La Fayette, fille unique de René-Armand, marquis de La Fayette et de Marie-Magdelène de Marignac.

Il vendit, en 1715, le reste du comté de Montfort, se réservant le titre de comte. Ici se termine ce que nous avions à dire sur les ducs de La Trimouille.

Vente et aliénation des biens & de la seigneurie de Montfort.

« Pardevant les conseillers du roy, notaires au Châtelet de Paris, soussignés. Fut présent très-haut et très-puissant prince monseigneur Charles-Bretagne, duc de La Trémoille et de Thouars, prince de Tarente et de Poix, comte de Laval, de Montfort, de Guynes et de Jounelles, vicomte de Gennes, de Bays, et de Marsillé, baron de Vitré, président né de la province de Bretagne, pair de France, premier gentilhomme de la chambre du roy et brigadier de ses armées, demeurant à Paris, en son hôtel, place Royale, paroisse Saint-Paul; lequel a par ces présentes, vendu, cédé, transporté sans aucune garantie, sinon de ses faits et promesses, à messire Annibal-Auguste de Farcy, chevalier, seigneur de Cuillé, conseiller au parlement de Bretagne, demeurant ordinairement à Rennes, de présent en cette ville de Paris, logé à l'hôtel de Châtillon, rue de Tournon, paroisse Saint-Sulpice, à ce présent et acceptant, acquéreur pour luy et ses associés qu'il nommera dans trois mois, à compter du jour de l'homologation du présent contrat ; c'est à sçavoir tous les domaines, moulins et étangs, communs et gallois, l'emplacement de la forest de Coulon, ci-devant en futaye, ce qui en reste en broussailles et taillis, les halles, auditoire, droit de foires et marchés, droit de coutume, droit de pesche dans la rivière, droit de four à ban, pressoirage et généralement tous les domaines utiles dépendants du comté de Montfort, appartenants présentement à mondit seigneur duc de La Trémoille et qui n'ont point été vendus ny afféagés ci-devant, en quelques lieux qu'ils soient situés ; même tous les fiefs appartenants à mondit seigneur le duc de La Trémoille dans l'étendue dudit comté de Montfort, rentes et devoirs annuels dus sur iceux, suivant la coutume de Bretagne et l'uzement dudit comté de Montfort, et autres prérogatives et tous droits utiles desdits fiefs s'étendants dans la ville et comté de Montfort, sans en faire d'autres réserves que celles qui seront cy-après exprimées; même les droits de seigneurie et fondation des paroisses et églises de Coulon; sçavoir : Saint-Jean, Saint-Nicolas et Paimpont, supériorité de la trève de Saint-Pesran, prééminences et tous droits honorifiques dans les chapelles freriennes, prieurés et trèves situées dans lesdites paroisses et même la fondation des prieurés de Saint-Barthelemi et Theloüet, paroisse de Paimpont, droit de bancs, en feux, ceinture et lettres, tant en dehors que dedans lesdites églises, chapelles, prieurés et paroisses, et dans l'église de Saint-Jacques de Montfort; dans toutes lesquelles églises ledit sieur de Cuillé ou ses associés pourront mettre leurs armes au lieu et place de celles de mondit seigneur, lequel néanmoins ne demeurera garant d'aucun droit en particulier; entendant par le présent contrat subroger seulement l'acquéreur et ses associés dans ses droits, pour les exercer ainsi qu'ils aviseront; comme aussi mondit seigneur duc de La Trémoille a pareillement vendu, cédé et transporté sans garantie aucune, comme dessus, les droits de haute, moyenne et basse justice et apposition de scellé dans toute l'étendue desdits fiefs, ainsi que mondit seigneur le duc avoit droit de jouir avec la faculté de rembourser les engagistes des greffes et toute la mouvance de ce qui relève actuellement dudit comte de Montfort, à l'exception et sous les réserves expresses que fait mon dit seigneur vendeur de la mouvance, droit d'aveu de toute seigneurie directe et d'apposition de scellé sur les terres de la Châsse, St-Mâlon, fief de la Verrie, Treguil, la Roche, le Breil, la Benncraye, Cabideuc, Monterfil, la Bédoyère, appartenances et dépendances, la Pinerlaye, le Coudray, Botrel, la Marché, la prévosté de Bedée, terres et fiefs en dépendances, et telles qu'elles sont actuellement possédées par le seigneur de Bedée, la terre d'Artois et ses dépendances en ce qui relève dudit comté de Montfort, sur lesquelles choses mondit seigneur vendeur exercera ses droits comme par le passé, même droit d'apposition de scellé sur les maisons principales sans pouvoir néanmoins l'étendre sur les fermiers, meuniers et vassaux des dites terres cy-dessus exprimées, à la charge et condition expresse que les terres, fiefs, domaines vendus par le présent contrat, relèveront foy et hommage de mondit seigneur duc de La Trémoille, à cause du comté de Montfort qui lui est réservé et qu'il attache seulement à la gerbe et enceinte du château, sans devoirs de rentes, rachats ny chambellenaige, ny autres droits generallement quelconques, si ce n'est la simple obéissance, le retrait féodal et les droits de lots et ventes en cas d'aliénation par ledit sieur acquéreur, ses associés ou ceux qui leur succéderont des choses présentement vendues, sans néanmoins que mondit seigneur puisse prétendre aucuns desdits droits pour raison de la présente vente, dont il quitte ledit sieur acquéreur et ses associés pour cette fois seulement, lesquels droits mondit seigneur vendeur sera fondé d'exercer à l'avenir suivant la faculté qui lui est accordée par les lettres-patentes de Sa Majesté, du 30 juillet 1709, dont sera délivré copie et de l'enrégistrement d'icelles audit sieur acquéreur; n'entend néanmoins mondit seigneur duc de La Trémoille, sous prétexte des réservations de mouvance ci-dessus, prétendre aucuns droits de lots et ventes, ny d'apposition de scellé sur les forges et forest de Brécilien ny dépendances d'icelles, ny dans toute la forest et châtellenie de Brécilien, paroisses dudit Paimpont et de Plélan, non plus que sur la terre de la Morinais, dont les mouvances proches et tous les droits utiles appartiendront audit seigneur et associés, lesquels pourront faire exercer les justices tant civiles que criminelles et de police sur leurs vassaux meuniers et fermiers par les juges qu'ils établiront ou qu'ils attacheront à leurs anciennes juridictions, et les appellations en seront portées au présidial de Rennes, même celles des terres de la Roche, le Breil, Treguil, de la juridiction de la Marche et des fiefs acquis par les seigneurs de la Châsse depuis l'année 1642, ce que cependant ne pourra être exécuté pendant la vie des juges dudit comté de Montfort, actuellement pourvus, si mieux n'aiment ledit acquéreur et ses associés les dédommager, en sorte que mondit seigneur vendeur n'en soit inquiété ni recherché même après la mort desdits officiers, consentant mondit seigneur vendeur que les droits de justice, police, juridiction et apposition de scellé soient divisés entre ledit sieur acquéreur et ses associés pour les faire exercer chacun en droit soy, ainsi qu'ils aviseront, soit par de nouveaux officiers qu'ils créeront ou par réunion à ceux qui sont déjà établis dans leurs terres et seigneuries, auxquels ils pourront attacher tels titres qu'il plaira au roi leur accorder, sans que mondit seigneur duc de La Trémoille puisse s'y opposer directement ni indirectement, pourront même ledit sieur acquéreur et ses associés faire ériger fourches patibulaires chacun dans son fief, à condition néanmoins qu'ils relèveront pour lesdites choses de mondit seigneur à cause de son comté de Montfort, comme dit est, et lui en rendront aveu, ce qu'ils seront tenus de faire la première fois dans six mois, et ce temps et si longtemps qu'il sera propriétaire dudit comté de Montfort, et si ledit comté de Montfort sortait des mains de mondit seigneur vendeur ou de celles des aînés de sa maison par vente ou partage, ledit sieur acquéreur et ses associés relèveront pour toutes les choses ci-dessus dites de la baronie de Vitré ; s'obligeant ledit sieur acquéreur tant pour lui que pour ses associés, d'acquitter pour l'avenir mondit seigneur vendeur de toutes les charges, legs, rentes foncières dues à l'abbaye de Montfort et droits de chauffage et d'usage, si aucuns sont dus sur la forêt de Coulon ; comme aussi d'entretenir les baux à ferme faits par mondit seigneur, si mieux n'aime dédommager les fermiers, en sorte que mondit seigneur n'en soit inquiété ni recherché ; pour par ledit sieur acquéreur, ses associés et leurs ayants cause, jouir, faire et disposer des choses présentement vendues en pleine propriété et comme leur appartenant au moyen des présentes, à en commencer la jouissance pour les fermes et rentes féodales du jour qu'elles seront échues, à l'effet de quoi mondit seigneur vendeur s'en est dessaisi à leur profit, consentant qu'ils en soient saisis et mis en possession ainsi qu'il appartiendra, constituant à cette fin pour son procureur le porteur des présentes auquel il donne tout pouvoir sur ce nécessaire ; pourra ledit sieur acquéreur et ses associés retirer des mains des procureurs d'office de Montfort ou autres gardiens des archives, en leur donnant bonne et valable décharge par inventaire, les titres et papiers concernant les fiefs et domaines présentement vendus ; comme aussi mondit seigneur s'oblige de faire remettre ès-mains dudit acquéreur tous les rôles, rentes, aveux et titres dont il est saisi et qui sont dans les archives de cette ville, si aucuns il y a.

« La présente vente faite moyennant la somme de 35,000 livres, que ledit sieur acquéreur s'oblige de payer aux créanciers de la maison de La Trémoille, colloqués en ordre utile et qui seront délégués audit sieur acquéreur par nos seigneurs les commissaires nommés par Sa Majesté pour la discussion des affaires de mondit seigneur; savoir : un tiers deux mois après l'homologation du présent contrat au bureau de nos seigneurs les commissaires ; un autre tiers quatre mois après et le surplus dans six mois; le tout à compter du jour de ladite homologation et cependant les intérêts au denier vingt à compter du premier septembre prochain, lorsqu'ils diminueront à proportion desdits payements ; lequel présent contrat mondit seigneur vendeur s'oblige de faire homologuer au bureau de nosdits seigneurs les commissaires, aux frais néanmoins dudit sieur acquéreur et de ses associés, car ainsi a été convenu entre lesdites parties, lesquelles pour l'exécution des présentes ont élu leur domicile en cette ville de Paris, en leurs demeures ci-dessus désignées ; auxquels lieux et nonobstant promettants et obligeants chacun à son égard renonçants. Fait et passé à Paris en l'hôtel de mondit seigneur le duc de La Trémoille susdit, le 20 août 1715, avant midi. Et ont signé la minute des présentes demeurées à Valet, notaire ; signés le Roy et Valet, avec paraphes et scellées. Et en marge est écrit : scellé ledit jour, avec paraphe. Signé à la grosse originale : Choplet, avec paraphe. Et plus bas est écrit : le 18 septembre 1715 signifié et laissé copie à MM. Décourt, de Chaunac et Baizé, avocats des parties adverses, en leur domicile parlant à leurs clercs, signé Paenercel, huissier ordinaire du roi en ses conseils, et plus bas signé Boivin.

« Insinué à Montfort le 31 octobre 1615. Reçu pour droit d'insinuation 400 livres et 80 livres pour les 4 sols pour livre de ladite somme, payés par le seigneur de Cintré. Signé Baudet.

« L'an 1715, le 18° jour du mois de novembre avant midi, pardevant nous, notaires royaux à Rennes, soussignants ; fut présent messire Annibal-Auguste de Farcy, chevalier, seigneur de Cuillé, conseiller au parlement de Bretagne, demeurant à Rennes rue Saint-Georges, paroisse Saint-Germain, acquéreur pour lui et associés des domaines utiles dépendants du comté de Montfort d'avec monseigneur le duc de La Trémoille, par contrat du 25 août dernier, passé devant Valet registre et le Roy, notaires au Châtelet de Paris, homologué par nos seigneurs les commissaires du conseil députés par le roi pour juger en dernier ressort les affaires des maisons de La Trémoille et Créquy, par leur arrest du 14 septembre dernier et ce pour le prix de la somme de 40,000 livres, de la manière exprimée auxdits contrat et homologation; lequel pour satisfaire à la stipulation portée audit contrat de nommer ses associés dans trois mois du jour de l'homologation d'icelui, a déclaré que ses associés audit acquest de Montfort, sont : sçavoir

« Messire Charles Huchet, chevalier, seigneur de La Bédoyère, conseiller du roi en ses conseils, procureur général de Sa Majesté au parlement de Bretagne, pour la seigneurie et fondation de l'église et paroisse de Coulon, fiefs, rentes foncières et féodales dues tant en grains que par argent, l'emplacement de la forest, en ce qu'il y en a dans la paroisse de Coulon, taillis, landes, communs, gallois, droit de présentation au prieuré de Saint-Lazare, droit de pêche dans la rivière le long de ladite paroisse de Coulon, commun avec M. de Cintré, et généralement tous les droits tant utiles qu'honorables qui appartiennent à mondit seigneur le duc de La Trémoille dans ladite paroisse de Coulon et dans celles de Talensac et du Verger; le tout à l'exception de ce qui sera ci-après employé de ladite forest dans la lottie de M. de Cintré.

« Messire Joseph Huchet, chevalier, seigneur

de Cintré, pour l'enceinte de la ville de Montfort, tous murs et fossés et tout ce qui est compris dans l'enclos d'icelle, tant en domaines que fiefs, halles, four à ban, droit de pressoirage, auditoire, prison, marchés, droit d'apprecy et tous autres droits utiles généralement quelconques, plus la seigneurie et fondation de l'église et paroisse de Saint-Jean de Montfort, le colombier étant dans ladite paroisse, foires et marchés s'y exerçant et droits attribués à icelles, prés, terres labourables, communs et gallois, rentes foncières et féodales et tous les fiefs qui appartenaient à mondit seigneur le duc, étant dans ladite paroisse, avec les droits tant utiles qu'honorables, sans d'iceux faire aucune réservation, fors d'une portion de fief qui sera ci-après déclarée, au profit de M. le président de Bédée.

« Davantage audit seigneur de Cintré un canton de l'emplacement de la forest avec toute l'ancienne futaye de Coulon s'étendant dans ladite paroisse de Coulon et celle d'Iffendic ; ledit emplacement et canton débornés par le chemin endrant dans ladite forest du côté du village du Buisson, en Iffendic, qui va le long du Pré-Long au village de la Prise et à Montfort, avec toutes les terres vaines et vagues, taillis, brossis et landes tant enclavées dans ledit emplacement de la forest que de celles qui sont vers la maison de la Poulanière, la rivière de Montfort et le village de la Roche, quoique ce soit le tout en général dudit canton de forest et emplacement déborné par le Pré-Long et aboutissant audit village de la Prise ; lequel Pré-Long demeure à M. le procureur général avec tous les étagers et mouvances maisons et terres en dépendantes, si aucunes sont dans ledit emplacement, autres que les loges à sabotiers qui y sont et ont été faites pendant l'abat des bois ; desquelles loges ledit seigneur de Cintré disposera.

« Messire Charles-Elisabeth Botherel, chevalier, seigneur de Bédée, conseiller du roi en ses conseils, président à la chambre des enquêtes du parlement de Bretagne, pour la fondation et supériorité de l'église et couvent de l'abbaye de Saint-Jacques de Montfort, outre et au-delà des droits qu'il pouvoit avoir sur ladite église et couvent comme seigneur de Bédée ; plus une portion de fief étant dans la paroisse de Saint-Jean de Montfort débornée, sçavoir vers midi au chemin qui conduit de Montfort à Saint-Méen ; vers le couchant, au chemin qui va de Montfort à Montauban ; vers le levant, à l'étang de Montfort ; et vers le nord, aux terres dudit seigneur de Bédée, la rivière de Garun entre deux, avec tous les hommes, mouvances, sujets et étagers étant dans l'enclos dudit débornement, sans y comprendre l'église, cimetière et faux bourg de Saint-Jean qui demeurent entièrement audit seigneur de Cintré.

« Plus audit seigneur de Bédée toutes les mouvances proches que pouvoit avoir M. de La Trémoille dans la paroisse de Bédée, et tous les droits utiles que pouvoit avoir mondit seigneur le duc dans ladite paroisse ; le tout néanmoins sous les réservations portées par ledit contrat au profit de mondit seigneur le duc.

« Encore ledit seigneur de Bédée et messire Joseph Huchet, chevalier, seigneur, vicomte de La Bédoyère, fondés et associés entr'eux par moitié et par indivis, la fondation et seigneurie de l'église et paroisse de Saint-Nicolas de Montfort, le moulin, l'étang dans quelque paroisse que s'étende son lit, la pêche dudit étang, droit de coutume, havage, foires et marchés si aucuns sont et droit de chasse commun entr'eux, et cependant diviseront le fief dont la partie qui est depuis l'étang jusque au faux bourg, et rang des maisons d'icelui compris les terres arables et non arables, appartiendront audit sieur président de Bédée, et les maisons de l'autre côté de la rue avec les jardins et vergers en dépendant appartiendront en fief à M. le vicomte de La Bédoyère ; le surplus des terres dans la campagne vers l'abbaye Saint-Jacques de Montfort et la rivière dans ladite paroisse de Saint-Nicolas appartiendront, par préciput, audit seigneur de Bédée, pour chacun en droit soy percevoir les rentes sur les terres et maisons et autres émoluments de fiefs, et quant aux droits honorifiques dans l'église de ladite paroisse de Saint-Nicolas de Montfort, le banc dudit seigneur vicomte de La Bédoyère sera placé du côté de l'Évangile, sa lizière en dehors et en dedans du même côté, et celui dudit seigneur de Bédée sera placé du côté de l'Épître à même hauteur, sa lizière en dedans et en dehors du même côté. Le pain béni sera porté dans deux corbeilles ou paniers qui descendront tous en même temps de l'autel pour être porté aussi en même temps dans les deux bancs, et seront les prières nominales données auxdits seigneurs de Bédée et de La Bédoyère jointement comme seigneurs et fondateurs, en sorte que M. de Bédée soit nommé le premier en ces termes : pour Messieurs de Bédée et de La Bédoyère. Plus M. de La Bédoyère aura seul les droits utiles et honorifiques de M. de La Trémoille, dans les paroisses de Pleumeleuc, Breteil et Saint-Gilles.

« Messire Charles-René d'Andigné, chevalier, seigneur de la Châsse, pour tout ce qui dépend du comté de Montfort, dans les paroisses d'Iffendic, Saint-Maugan et Saint-Gonlé, tant en proche qu'arrière fief, domaines, communs et gallois et généralement tous les droits utiles et honorables qui appartenoient à mondit seigneur le duc de La Trémoille dans lesdites paroisses, plus la mouvance de la terre du Perray et dépendances et droit d'aveu, icelle située dans la trêve de Saint-Perran et autres circonvoisines.

« Maître Mathurin Koullet, avocat en la cour, pour la mouvance proche des forges et forest de Brécilien, droit d'aveu et d'apposition de scellé sur icelle et généralement tous les droits tant utiles qu'honorables que pouvoit prétendre mondit seigneur de La Trémoille, tant en proche qu'arrière fief.

« Messieurs de la Châsse et de Cuillé et messire René-François de Farcy, seigneur de la Dagrie, président aux requêtes du palais, messire Jacques-René de Farcy de la Ville du Bois et Jacques-Annibal de Farcy, seigneur de Malnoë et leurs associés, tous comme propriétaires des forges et forest de Brécilien, la seigneurie et fondation de l'église, paroisse et abbaye de Painpont, supériorité de la trêve de Saint-Perran, seigneurie et fondation des chapelles frairiennes et prieurés de Saint-Barthélemi, Thélouët, Beauvais, Collin-Carré et tous droits honorifiques dans icelles églises, chapelles et prieurés. Plus les domaines et fiefs proches appartenants à mondit seigneur de La Trémoille dans l'étendue des paroisses de Painpont, Plélan et Baignon, droit d'aveu sur tous les vassaux desdittes seigneuries, tant en proche qu'arrière fief étant dans lesdites paroisses, y compris la mouvance de tout ce qui dépend de l'abbaye et religieux de Painpont, tant en ladite paroisse de Painpont que trêve de Saint-Perran et fief et domaine, à l'exception de la mouvance de la terre et métayrie du Perray, comme elle étoit possédée anciennement, ci-dessus cédée à M. de la Châsse, quoique ce soit tous les droits utiles et émoluments de fiefs sur les fiefs de Thélouet, la Ville-Danet et Gaillarde, Coganne, Saint-Perran, la Rivière en Painpont et en Plélan, le Caus, Beauvais, Folle-Pensée et le Pertuis-Néanti, et généralement toutes les mouvances en proche et arrière fief qui appartenoient à mondit seigneur le duc, à l'exception seulement de la mouvance de ce qui appartient à M. le comte de Coetlogon dans la paroisse de Painpont et forest de Brécilien qui restera à monseigneur le duc de La Trémoille, comme par le passé.

« Pourront lesdits seigneurs associés faire exercer leur juridiction et appeler par icelle les détragnables à four à ban, moulin, pressoirage et halles en quelques paroisses et lieux qu'ils sont situés, chacun en droit soy, mettront leurs armes et lizières au lieu et place de celles de mondit seigneur duc de La Trémoille, dans les églises, chapelles, couvents, abbayes et autres lieux dont ils sont seigneurs et fondateurs, et faire planter fourches patibulaires avec seps et colliers, chacun en son distroit, auront la faculté de rembourser les greffes et de dommager les sénéchal et procureur fiscal, chacun à proportion de ce qu'il est fondé audit acquest suivant leur convention, et attacher les greffes et juridictions à leurs anciennes juridictions ou les faire exercer séparément comme ils verront.

« Et conformément audit contrat d'acquest, les mouvances des choses acquises et déclarées par le présent, seront rendues par aveu à mondit seigneur de La Trémoille comme s'étant réservé le titre de comte de Montfort et icelui attaché à la glèbe du château de Montfort, auquel seigneur duc resteront pareillement les mouvances qu'il s'est réservées par ledit contrat, comme seigneur supérieur, sans que les associés ayent aucun droit de supériorité les uns sur les autres, tant pour ce en quoi ils sont fondés audit acquest que pour leurs autres terres et dépendances autres que les supériorités qu'ils avaient précédemment, et ne seront garants les uns vers les autres d'aucuns des droits exprimés au présent pour quelque cause que ce soit, et n'en pourront demander diminution du prix de chacune leur portion ni autre récompense.

« Jouiront tous les associés chacun pour ce qui le regarde, conformément au contrat du 20 aoust dernier, de tous les droits y exprimés et compris, sans en faire par le présent aucune novation.

« Est signé : Lebreton, notaire royal sindic; et le Barbier, régistrateur royal. »

Il y a, dans le premier contrat 35,000 livres, et dans celui des partages 40,000 ; pour comprendre cette différence, il faut savoir que les créanciers de la maison de La Trimouille mirent empêchement à l'homologation dudit contrat, mais que, M. de Farcy ayant offert 5,000 livres de plus, elles furent acceptées et l'homologation eut lieu. Pendant cette discussion, la terre de Montfort fut affermée 1750 livres par an, toutes charges déduites.

Généalogie de la famille Huchet.

Bertrand Huchet, secrétaire d'État du duc Jean V, est la première tige de cette famille. Il épousa, vers 1422, dame Jeanne de La Bédoyère, dont il prit le titre.

Du mariage de Bertrand Huchet et de Jeanne de La Bédoyère sortit Raoul Huchet, qui épousa en premières noces Charlotte de Cahideuc, et en secondes Perrine de Cajalan.

Du premier lit naquirent Jean Huchet, qui épousa, en 1494, Françoise de Bellouan, et Bertranne Huchet, qui épousa Bertrand du Vauférier.

Du second lit sortirent Marguerite et Perrine Huchet.

Jean Huchet, eut de son mariage avec Françoise de Bellouan, Guillemette Huchet, qui épousa Jacques Huchet, sieur de la Béraudière, et Jean Huchet.

Jean Huchet épousa Jeanne de Quédillac; puis Julienne de Cleux.

De la première union naquirent Françoise Huchet, qui épousa Jean Hattes, seigneur de La Croisille, et Rolland Huchet, qui épousa Rollande Estel.

De la seconde union naquirent Charles Huchet, conseiller au parlement, qui épousa, en 1580, Mathurine de Kerbiguet, et Bertrand Huchet, qui épousa Jeanne de Launay, dame de la Ville-Chauve.

Rolland Huchet, fils aîné, eut de son mariage avec Rollande Estel : 1° Françoise Huchet, qui épousa, en 1589, Eustache Glé, sieur de La Besneraie; 2° François Huchet, qui épousa Perronelle de Trécesson ; 3° Charles Huchet, conseiller au parlement, mort sans enfants.

François Huchet eut : Jean, Briand et Guillaume Huchet.

Ici se divise le tronc. Nous allons laisser la branche aînée pour suivre la cadette.

Briand Huchet, fils cadet, épousa, en 1623, Louise Rabinard, qui lui apporta la terre du Plessix-Cintré, dont il prit le titre.

Du mariage de Briand Huchet et de Louise Rabinard sortirent : 1° N. Huchet, chevalier de Malte en 1652, et qui finit ses pérégrinations en 1655 ; 2° Isaac Huchet, qui épousa Angélique de Sesmaisons ; 3° Gilles Huchet, qui épousa Perrine Avril ; 4° N. Huchet, qui épousa le sieur de Servande de la Ville-Serf.

Isaac Huchet, devenu l'aîné, eut de son mariage avec Angélique de Sesmaisons : 1° N. Huchet, dit le chevalier de Cintré ; 2° Joseph Huchet, qui épousa, en 1697, N. Cosnier.

Joseph Huchet, devenu l'aîné, eut, de son mariage, Louis Huchet, qui épousa, en 1732, Marie-Augustine de Thalouët, dame de Kaveon.

Louis Huchet eut, de son mariage, Georges-Louis Huchet, qui épousa, en 1763, Julie-Françoise de Grimaudet, dame de Gason. De son mariage sortirent sept enfants.

Georges-Louis Huchet, seigneur de Cintré et vicomte de Tréguil, a été dépossédé du domaine utile et de la seigneurie de Montfort, par la loi des 3 et 4 août 1789, et surtout par celles des 15 et 28 mars 1790, qui supprimèrent, sans indemnité, les droits féodaux et seigneuriaux.

D'où il résulte que Montfort, sous le titre de seigneurie, a existé pendant sept cents ans.

Paroisses de Montfort.

SAINT-JEAN.

On attribue la fondation de Saint-Jean-Baptiste, de Montfort, à saint Judicaël, roi de Bretagne, vers 636 ou 640.

Vers le commencement du ix° siècle, Charlemagne, sous prétexte de mettre la paix parmi les princes Bretons, envoya en Bretagne une armée, qui brûla le monastère de Saint-Méen et en détruisit les titres de possession.

Helocar, évêque d'Aleth et abbé de Saint-Méen, obtint de cet empereur un diplôme pour le rétablissement de son monastère. Il fit confirmer, en 817, par Louis-le-Débonnaire, ce diplôme, par lequel tous les biens de Saint-Méen sont reconnus et qui devait tenir lieu des titres qui avaient été brûlés. Cependant, ce diplôme ne nomme point les biens de cette communauté, sans doute parce qu'ils étaient assez connus alors.

Saint-Jean de Montfort, qui était une dépendance du monastère de Saint-Méen, dut souffrir beaucoup de la présence des troupes qui mirent au pillage tous les lieux par où elles passèrent.

Le prieuré de Saint-Jean, comme bien de Saint-Méen, jouissait du droit et des priviléges d'immunité, de franchise et d'indépendance de toute domination séculière, d'après une charte octroyée au monastère de Saint-Méen par saint Judicaël[*].

Cependant Raoul, deuxième du nom, baron de Montfort, ne voulut point reconnaître ces droits et ces priviléges, surtout pour un prieuré qui se trouvait à la porte de son château ; il en saisit le temporel et y fit des dégâts, ainsi que sur plusieurs autres biens de Saint-Méen. L'abbé le cita alors, en 1136, au concile de Redon, où il fut excommunié. Raoul reconnut par la suite ses torts et répara les dégâts qu'il avait faits.

[*] Factum est eamdem abbatiam olim a Judicaele, britonum rege christianissimo, regulariter fundatam atque ab omni sæculari dominatione liberatam et emancipatam ; deindè ab imp. August. Karolo et filio ejus Ludovico, propriis privilegiis confirmatam atque roboratam, etc.   (*Titre de Paimpont.*)

Saint-Jean devint doyenné à une époque que nous ignorons. Les doyennés avaient été primitivement institués pour être le centre du dépôt des Saintes-Huiles; c'est-à-dire qu'un prêtre paroissial (*parochus*) avait été désigné pour aller chercher les Saintes-Huiles à l'église cathédrale et les distribuer aux autres prêtres[*]. Le nombre de ces derniers était fixé à dix. De là *decanus*, doyen. Mais depuis ce chiffre s'accrut.

Voici les noms des paroisses qui étaient attachées au doyenné de Montfort :

Saint-Méen. — Saint-Jacques de Montfort. — Saint-Nicolas. — Coulon. — Iffendic. — Monterfil.— Saint-Malon. — Saint-Maugand. — Saint-Gonlay. — Montauban. — Montreuil. — Gaël. — Le Crouais. — Saint-Onen.— Miniac. — Pleumeleuc. — Talensac. — Bédée. — Clayes.— Breteil.—Trémorel.— Quédillac.— Romillé. — Concoret. — Irodouër. — Saint-Lery.— Le Bois-Gervily[**].

La maison prieurale de Saint-Jean, à cause de ses jardins, des vergers et du pré Saint-Jean contenant environ quatre journaux, devait, aux quatre principales fêtes de l'année, un service

---

[*] Conc. Carth., 4.
[**] Stat. Syn.

solennel, avec prières nominales, pour les seigneurs défunts de Montfort.

On trouve, au XVII° siècle, dans cette paroisse, un usage singulier. Le propriétaire de la Poulanière, en Coulon, devait présenter, tous les ans, à l'issue des premières vêpres de la Saint-Jean, à la passée et entrée du cimetière, et ce sous peine de saisie, un chapeau de cerfeuil sauvage aux officiers de Montfort, qui le portaient sur la Motte aux Mariées, près la contrescarpe des Fossés du Pas d'Aune, où toutes les mariées de l'année, des paroisses de Saint-Jean, de Saint-Nicolas et de Coulon devaient se trouver réunies, sous peine de soixante sous d'amende, pour danser et chanter chacune leur chanson, ayant à tour de rôle le chapeau de cerfeuil sur la tête. Le seigneur était obligé de fournir cent fagots ou bourrées pour faire un feu de joie pendant que la danse s'exécutait. A la fin de cette cérémonie, les mariées étaient toutes tenues d'embrasser le seigneur ou son procureur fiscal. Et le chapeau de cerfeuil était laissé à la dernière mariée ou à celle que désignait le procureur fiscal.

A cette église de St-Jean se rattachent des souvenirs remarquables. St-Vincent Ferrier y a prié et prêché, en 1417. Le vénérable serviteur de

Dieu, Louis Grignion, dit le bon Père Montfort, dont le procès de canonisation est commencé, y a été baptisé le 31 janvier 1673.

Nous ne pouvons nous empêcher de consacrer ici quelques lignes au souvenir d'un compatriote dont le nom va devenir bientôt, sans doute, un objet de vénération pour toute la chrétienté.

« Le trente et unième janvier 1673 est né
« Louis Grignion, fils de notre honorable Jean-
« Baptiste Grignion et de damoiselle Jeanne
« Robert sa femme, sieur et dame de La Ba-
« cheleraye, nos paroissiens, a été tenu sur les
« saints fonts de baptême par messire Louis
« Hubert, sieur de Beauregard et damoiselle
« Marie Lemoine, dame de Tressouet, et la
« cérémonie du baptême lui a été administrée
« dans l'église de Saint-Jean, par moi soussi-
« gné Pierre Hindré, prêtre, recteur d'icelle
« et doyen de Montfort, etc.

« Louis Hubert. Marie Lemoine. Françoise
« Fimel. Jeanne Dupoé. Hellene Corniller.
« Félix Grignion. B. Grignion. Régnier, prê-
« tre. Pierre Hindré, recteur*. »

Louis Grignion, né à Montfort, rue de la Saunerie, fut l'aîné de huit enfants. A la confir-

---

* Ext. du reg. de bapt.

mation, il ajouta à son nom de Louis celui de Marie, pour marquer sa grande dévotion à la Sainte-Vierge. A l'âge de douze ans, on l'envoya au collége de Rennes où il fit ses études jusqu'à la philosophie inclusivement. Il partit ensuite pour Paris où il alla faire son cours de théologie au séminaire de Saint-Sulpice, et fut fait prêtre, dans cette ville, par l'évêque de Perpignan, en 1700. Il se détermina ensuite pour l'emploi des missions et fit le voyage de Rome où il fut reçu par le Pape et confirmé dans sa fonction de missionnaire apostolique. De retour de son voyage, il vint à Rennes, alla voir ses parents qui s'y étaient retirés, et vécut chez eux. De Rennes, il revint à Montfort et se retira à St-Lazare, d'où il sortait de temps en temps pour aller donner des missions à travers la Bretagne. En 1708, il quitta sa solitude pour ne plus y revenir, et alla exercer son zèle ailleurs. Cet homme extraordinaire, après des travaux innombrables et des obstacles de toute espèce, termina, enfin, sa carrière à Saint-Laurent-sur-Sèvre, dans le Poitou, le 28 avril 1716, à l'âge de 43 ans 2 mois et 20 jours.

Il existe encore à Montfort des membres de la famille de ce saint personnage. Nous en donnons plus loin la généalogie.

COUVENT DES URSULINES.

Le 9 mars 1639, le duc de La Trimouille et la communauté de ville autorisèrent les Bénédictines de Saint-Malo à bâtir un couvent hors les murs de la ville, à la condition de prendre des filles externes à prix raisonnable et notamment celles des habitants de la ville. Il paraît qu'il y eut un échange, puisque ce furent les Ursulines qui se fixèrent à Montfort. La maison, avec un vaste enclos, a été vendue pendant la révolution de 1790 et achetée par différents particuliers.

SAINT-NICOLAS.

La paroisse de Bédée venait anciennement jusqu'à Montfort. La rivière du Garun en faisait la limite. Peu-à-peu, il se forma une agglomération d'habitants au nord-est du château. Les moines de Saint-Mélaine, qui étaient en possession de la paroisse de Bédée, y fondèrent alors un prieuré avec l'agrément du seigneur de Montfort. Les titres de fondation sont perdus; mais, en conférant divers actes les uns avec les autres, on peut conclure qu'il a été établi de 1100 à 1115. A cette époque, les moines de Saint-Melaine possédaient des reliques de Saint-Nicolas.

Ce prieuré était de petite étendue. Il ne comprenait que la rue avec les jardins et quelques champs.

Voici la traduction d'un titre de 1275 qui peint parfaitement les mœurs de cette époque.

« A tous ceux qui ces présentes lettres verront ou entendront, Tison de Saint-Gilles, salut dans le Seigneur.

« Qu'il parvienne à la connaissance de tous que nous tenons et promettons de rendre au religieux abbé de Saint-Melaine de Rennes, ou à son ordre, cent livres de monnaie courante, qui lui seront payées à sa volonté, pour nous, Raoul de Marigné et Raoul de La Houssaie, pour avoir, contre sa volonté et celle du prieur de Saint-Nicolas de Montfort, fait effraction dans ledit prieuré. Et nous promettons et engageons audit abbé ces cent livres à solder et à payer sur tous nos biens meubles et immeubles, dans tous les lieux où ils se trouvent, et nous y obligeons spécialement nos héritiers. Si cependant ledit abbé voulait recevoir en totalité les cent livres, le révérend père en Dieu, Maurice, évêque de Rennes et le sacriste du monastère de Saint-Melaine pourraient faire une réserve convenable, et nous, d'après cette réserve, nous nous engageons de payer ledit abbé sans aucun subterfuge et sans aucun délai. En foi de quoi nous avons donné audit abbé ces présentes lettres signées et scellées de notre sceau.

« Donné le lundi après la fête de saint Nicolas d'été, l'an du Seigneur 1275*. »

Marigné et La Houssaie, dont il est ci-dessus parlé, ne sont plus aujourd'hui que deux métairies : la première en l'Hermitage et la seconde en Parthenay.

Il y avait, à Saint-Nicolas de Montfort, un prieur et un recteur, comme dans beaucoup d'autres paroisses. En voici la raison : les moines, dès leur origine, jetèrent parmi le peuple un grand éclat de sainteté et de science et furent préférés aux prêtres séculiers pour administrer les paroisses dont un grand nombre fut donné aux abbayes. Mais, comme ils s'étaient relâchés et s'acquittaient mal de leurs charges, les évêques, d'après les canons, les forcèrent à résider dans leurs paroisses. Alors, il y eut des accommodements et ils permirent qu'on nommât, dans leurs paroisses, des recteurs qui auraient le titre spirituel seulement, se réservant le temporel ; mais ce fut à la condition qu'ils fourniraient une pension alimentaire, ou portion congrue, aux prêtres qui avaient la charge des âmes.

* Cart. inéd. de St.-Mel.

Ce fut en 1220 que Raoul, évêque de Saint-Malo, régla les portions congrues pour son diocèse.

On bâtit alors des presbytères pour les recteurs, car les moines ne cédèrent pas leurs maisons prieurales.

L'habitation presbytérale de Saint-Nicolas, avec ses jardins et pourpris, relevait du seigneur de Montfort et devait, par an, deux services solennels, aux fêtes de Saint-Nicolas d'hiver et d'été, avec prières nominales. Le recteur et les marguilliers étaient tenus d'avertir les juges, le procureur fiscal et le greffier, d'y assister ; sous peine de saisie du temporel. Ils devaient prendre quittance.

La maison prieurale, avec ses jardins et dépendances, relevait aussi de la seigneurie de Montfort et devait trois messes de fondation par semaine avec prières nominales ; de plus, deux boisseaux de froment portés au grenier du seigneur ou payables à son choix, un prédicateur pour le Carême et aux fêtes solennelles de l'année, un maître d'école pour instruire les enfants des paroisses de Montfort et ceux de Bédée et de Breteil ; en outre, vingt mines de blé pour être distribuées aux pauvres par l'ordre du procureur fiscal.

L'église de Saint-Nicolas n'existe plus. Elle fut vendue pendant la révolution de 90 et achetée par le sieur G..... qui la fit démolir vers l'année 1800. Nous étions présent lorsque le clocher fut abattu.

HÔTEL-DIEU OU HOSPICE DE MONTFORT.

Cet hôpital est situé au haut de la rue Saint-Nicolas. Nous n'avons rien pu découvrir sur son origine. Un aveu de 1682 dit « que la maison et Hôtel-Dieu de Montfort, situé en la paroisse de Saint-Nicolas, avec ses jardins et pourpris en dépendant, avec une petite métairie située au haut dudit faux bourg Saint-Nicolas, à cause de quoi est dû audit seigneur rente annuelle par chacun an, dix sous monnoie de rente, avec droit aussi de ceinture et lizière de ses armes, tant au-dedans que hors la chapelle dudit hôpital et aux vitres d'icelle, banc, tombe et enfeus, tant du côté de l'Épître que de l'Évangile et tous droits en icelle, comme seigneur supérieur, présentateur, fondateur, dotateur, et tous autres droits honorifiques généralement luy appartenant, comme ont eu les anciens comtes de Montfort. »

Avant la révolution de 1789, M. Dousseau,

recteur de Coulon, agrandit, à ses frais et dépens, considérablement cette maison. Il fit bâtir l'aile orientale et la chapelle, fonda des retraites pour les deux sexes et y appela les Dames de la Sagesse, filles du Bon Père Montfort, pour le service des malades. Cet établissement, restauré, dans ces dernières années, par la charité privée, est aujourd'hui dans un état prospère.

COULON.

Coulon, vient du mot latin *collum*, sous-entendu *montis*, pente de la montagne. C'est un nom topographique.

On n'a pu découvrir les titres qui marquent l'époque où Coulon a été érigé en paroisse. Dans le cartulaire de Saint-Jacques, il est cité plusieurs fois. Il est parlé aussi, en 1152, de la paroisse de Coulon, *in parrochia Collum*.

Cette paroisse avait cela de particulier qu'elle n'avait jamais appartenu aux moines et avait toujours été administrée par des prêtres séculiers. Du nombre de celles qui étaient à l'alternative, le Pape et l'évêque y nommaient le titulaire suivant que la vacance tombait dans leurs mois. C'était là une jurisprudence ecclésiastique particulière à la Bretagne.

L'église de Coulon, vendue à la révolution de 90, fut achetée par le sieur Esn.. Lors de la pacification, les habitants de Coulon voulurent racheter leur église et s'adressèrent au sieur Esn.. qui la tint rachetable pour la somme de trois cents francs; mon père fut alors choisi pour faire une collecte et moi pour être le secrétaire. La somme trouvée, le sieur Esn.. ne voulut plus la vendre ; mais il la céda quelque temps après au sieur Ch.. qui la démolit, vers 1807 ou 1808.

L'emplacement qu'elle occupait est aujourd'hui planté d'ormeaux et sert de pâture.

N'est-ce pas chose attristante de voir les animaux paître et bondir sur les cendres du vénérable M. Dousseau, recteur de Coulon, cet homme de bien, cet ami de l'humanité !

SAINT-LAZARE.

Ce nom signifie une léproserie ou hôpital fondé pour les lépreux. Au commencement du XII° siècle, nous trouvons plusieurs de ces établissements en Bretagne. Ils furent créés pour les croisés qui avaient apporté la lèpre de leur expédition en Terre-Sainte.

Saint-Lazare date de cette époque.

Lorsque la lèpre eut disparu du pays, cette maison devint un prieuré dont les biens furent affectés aux pauvres.

Dans le xiv° siècle, il y eut, au sujet des régales, une vive contestation entre l'autorité civile et l'autorité ecclésiastique, par rapport à ce prieuré.

Les princes et les seigneurs avaient donné, sans aucune redevance, en amortissement, plusieurs fonds de terre aux églises ; mais, s'apercevant dans la suite qu'ils avaient trop donné, les princes voulurent se réserver l'administration et la jouissance de ces biens, pendant la vacance. C'est là l'origine des régales.

Voici, entre Josselin de Rohan, évêque de St-Malo, et Jean V, duc de Bretagne, un exemple des démêlés auxquels elles donnèrent parfois naissance. Le roi de France intervint dans cette affaire et écrivit au Pape la lettre suivante :

« Très-Saint-Père,

« Nous avons entendu que combien que la
« cité de Saint-Malo assise au duché de Bre-
« tagne soit et doit estre, et ait esté ancienne-
« ment en temporalité sous la juridiction de
« nostre très-cher et féal cousin le duc de Bre-
« taigne et de ses prédécesseurs ; néanmoins

« l'évêque de Saint-Malou, sous ombre de ce
« que devant les guerres, ils n'ont pas obéi au
« duc, si comme semblablement a été fait en
« plusieurs lieux, s'est de nouvel dolu (plaint)
« de ce que nostre dit cousin par devers Vostre
« Sainteté, en disant que luy et les clercs,
« bourgeois et austres habitants de saditte cité,
« sont francs et exempts de toute jurisdiction
« et souveraineté temporelle, et que nostredit
« cousin s'estoit efforcé et s'efforçoit de les con-
« traindre à li faire hommage et serment de
« féauté, contre raison.

« Et aussi avons entendu que combien que
« les prieurs séculiers du prieuré de Saint-La-
« dre de Montfort en Bretaigne fondé et doué
« (doté) de certains lieux et terres assis audit
« duché tenu du duc, sans moien, soient et
« doivent estre tenuz de nostredit cousin le duc
« et que les prieurs qui ont èsté au temps passé
« prieurs dudit prieuré, aient esté convenuz et
« responduz en sa court comme ses sugiets,
« sans moien, et que ce soit chose notoire sur
« le pays. Néanmoins Jocelin de Rohan soy
« portant comme prieur séculier dudit prieuré
« s'est aussi dolu de nostredit cousin pour ce
« que par sa court il la fait convenir à obéir à
« sa temporalité, si comme faire soloient (avaient

« coutume) nos cousins ses prédécesseurs ducs
« de Bretaigne, et s'est efforcé d'appeler à vous
« de la court d'aucuns de ses sénéchaux tem-
« porels, qui, comme ci-dessus est dit, l'avoit
« fait convenir à répondre à laditte court à
« cause du temporel dudit prieuré, en disant
« que à nulle jurisdiction n'est tenu de respon-
« dre. Et en s'efforcent lesdits évêque et prieur
« de lui oster son droit qu'il a esdits lieux et
« sur les personnes d'iceux à cause de sa tem-
« poralité au préjudice de luy et de sa jurisdic-
« tion et de nous par conséquent pour cause de
« notre ressort et souveraineté. Si vous prions
« et supplions, Très-Saint-Père, que à ce qu'ils
« vous ont donné à entendre, sur ce ne vuillez
« adjouter foy jusques à tant que la vérité en
« soit bien clairement sceue par ladite court
« séculière de nostredit cousin, selon la cous-
« tume et l'usaige du pays, et ne souffrez que
« vos auditeurs ou commissaires coignoissent
« du temporel de nostredit cousin en son pré-
« judice ou nôtre ; mais vuillez lesdits évêque
« et prieur faire déporter d'en faire poursuitte
« devant vous ou vos auditeurs, et lessier nous
« et nostredit cousin jouir de nos jurisdictions
« temporelles en la manière que nos prédéces-

« seurs et les siens en ont usez et jouy au temps
« passé, car luy et nous ne vouldroient sciem-
« ment empescher les droits de la sainte Église,
« et avons ferme fiance que non voudriez vous
« nos temporalités. Si vous en plaise tant à
« faire que nostredit cousin s'apperçoive de
« nostre prière et supplication envers vous ; et
« vuilliez nostredit cousin en son État avoir
« pour recommandé, comme celuy en qui
« nous avons trouvé et trouvons bon et vroy
« amour et obéissance. Très-Saint-Père, le
« Saint-Esprit vous donne bonne ete et longue
« au gouvernement de sainte Église.

« Escrit à Paris le 8 janvier. » Et plus bas :
« Vostre dévost fils le roy de France. »

Cette lettre, sans date, doit être de 1382.

Nous n'avons point la réponse du Pape. Il paraît, d'ailleurs, que cette affaire ne fut terminée que par la mort de Josselin de Rohan, arrivée en 1388 et lors de laquelle le duc mit la saisie sur tout le temporel du diocèse de St-Malo.

La chapelle de Saint-Lazare était sous l'invocation de saint Marc. Anciennement, dans le pâtis voisin, le jour de saint Marc, il se tenait une foire qui, dans la suite, fut transférée à Montfort.

Au milieu de la chapelle, on voit une pierre tumulaire autour de laquelle est l'inscription suivante : « Ci – est – Estaicé – La – Testue – en – « paradis – seit – receue – larme – de – le – E – Mise « – où – reigne – de – clarté. »

Malgré toutes les perquisitions faites, il a été impossible de découvrir à quelle famille appartenait cette femme nommée la Testue.

Les caractères et le style de cette inscription paraissent être du xɪv° ou du xv° siècle.

Au sujet de cette maison de St-Lazare, voici le rapport du duc de La Trimouille, dans un aveu de 1682 : « Plus, en laditte paroisse, est situé le prieuré de St-Lazare consistant en maisons principalles et autres bâtiments, avec la chapelle au joignant fondée de saint Marc, dont lesd. seigneurs comtes de Montfort sont fondateurs et présentateurs dudit prieuré, duquel dépend plusieurs métayries, fiefs, jurisdictions, dixmes, foires et coutumes, de Saint-Laurent des Guérets et métayrie et chapelle dud. lieu de Saint-Laurent et autres droits en dépendants, situés tant en lad. paroisse de Coulon, de Tallensacq, Iffendicq, Monterfil et ailleurs, à raison de laquelle fondation il est tenu et obligé de faire célébrer pour lesd. seigneurs et ses ancêtres, audit prieuré de Saint-Lazare, deux messes par chaque jour et aux jours de festes et dimanches en icelle de Saint-Laurent et y distribuer l'aumône aux pauvres, ainsi qu'ont fait et estoient tenus les anciens prieurs, et outre à charge de quatre sols monnoie, et la juridiction du prieuré ressortit par appel à celle de Montfort. »

La métairie de Branguelou, en Iffendic, appartenait aussi, à cette époque, à la maison de Saint-Lazare.

La maison principale fut rebâtie en 1622, d'après une inscription.

En 1706, il n'y avait plus de prieurs résidants. La chapelle tombait en ruines, lorsque le vénérable Louis Grignion, revenant de Paris, vint se fixer dans une maison voisine du portail qui existe encore, répara lui-même cette chapelle et y plaça une image de Notre-Dame de la Sagesse, qu'il fit garder par Guillemette Rouxel, de la paroisse de Talensac.

Depuis 1715, M. Huchet de La Bédoyère était devenu seigneur de Coulon et en conséquence présentateur au prieuré de Saint-Lazare. Sur la demande de M. le Recteur de Coulon, il rendit cette maison à sa destination primitive ; c'est-à-dire qu'il y établit un hôpital où furent placées trois sœurs de la Providence, de Saumur, qui devaient soigner gratis, à domicile, les pauvres des paroisses de Coulon, de Talensac et du Verger.

Nous n'avons point vu l'acte de fondation ; mais il paraît que ce fut M. de La Bédoyère qui concéda à cet hôpital le bois de Saint-Lazare, lequel, plus tard, fut affecté à l'hospice de Montfort.

En 1790, les religieuses furent chassées et se retirèrent à la Bouhernière dans le Verger. Leur maison et les biens qui en dépendaient, à l'exception du bois, furent vendus nationalement.

Généalogie de la famille Grignion.

La famille Grignion n'était pas noble d'extraction ; seulement, elle tenait un rang distingué dans la bourgeoisie. On la trouve citée dans les registres, sur la fin du xvi° siècle. Elle était originaire de Montfort ou des environs.

Charles Grignion, sieur du Chêne-Hardy, et Louise Lechapt, sa femme, vivaient à la fin du xvi° siècle.

De leur union sortit Eustache Grignion, né à Montfort, le 16 janvier 1620, sieur de Frèche, marié à Jacqueline Saulnier.

De ce mariage : Jean-Baptiste Grignion, sieur de la Bacheleraie, né le 25 janvier 1647, qui épousa, au mois de février 1671, à Rennes, demoiselle Jeanne Robert, fille de Jean Robert, sieur de Launay, l'un des échevins de Rennes. Il mourut au village de l'Abbaye, en Breteil, le 21 janvier 1716, et fut inhumé dans l'église de l'Abbaye de Saint-Jacques.

Naquirent de cette union :

1° Louis Grignion, dit le Père-Montfort, né à Montfort, rue de la Saulnerie (maison de M. Alliou), le 31 janvier 1673 ;

2° Joseph-Pierre Grignion, né le 24 janvier 1673 ;

3° Renée Grignion, née le 26 mars 1975 ; elle épousa, le 28 septembre 1717, Marc Guérin, avocat à Rennes, et mourut sans enfants ;

4° Guyonne-Jeanne Grignion, née au Bois-Marqué (Iffendic), le 4 septembre 1682, morte religieuse ;

5° Jean-Baptiste Grignion, sieur du Bois-Marqué, né à Rennes, rue de la Filandaie, paroisse de St-Germain (parrain Louis Grignion son frère) ; il épousa, en 1722, Marie-Angélique Guyon.

De ce mariage :

1° Jean-Baptiste Grignion, sieur de Launay ;

2° Louis-Constant Grignion, dit abbé du Bois-Marqué ; ils moururent tous les deux sans enfants.

3° Marie Catherine, mariée au sieur Meslay, morte, à Rennes, sans enfants, en 1800 ;

4° Thérèse-Jeanne, mariée, en premières noces, au sieur Lormier de Kerlano, et, en secondes, au sieur Rivière; morte sans enfants, à Montfort, le 30 septembre 1802;

5° Françoise Grignion, née, à Montfort, le 4 juin 1728; mariée, au mois de novembre 1754, à noble homme Pierre Charles Boisgontier, sieur de la Villehya; morte, à Montfort, le 13 mars 1803.

De ce mariage :

Louis et Sébastien Boisgontier, morts sans enfants, et Marc Boisgontier marié à Jeanne Délille.

De ce mariage est né Marc Boisgontier, à Vannes le 4 août 1796, qui épousa, en 1822, Julie Poignand, et mourut à Montfort, le 24 janvier 1840.

De ce mariage :

1° Jeanne Boisgontier, née, à Montfort, le 24 mars 1825 ;

2° Félix Boisgontier, né à Montfort, le 22 juin 1827; neveux du Père-Montfort, au sixième degré d'après le droit civil, au troisième d'après le droit canon.

(Note communiquée par M. F. Poignand, juge de paix de Montfort).

Montfort sous le régime féodal.

Le nom de fief, *feodum*, vient du mot *feod*, qui, en langue saxonne ou allemande, signifie : salaire, gage, récompense[*].

Le gouvernement des Gaulois et des Bretons était aristocratique. Chaque noble rendait la justice dans ses domaines et était indépendant. Il y avait des assemblées générales et particulières de la nation où chacun se rendait pour délibérer sur les affaires importantes. Dans les temps de guerre, on élisait des rois pour commander les armées. Chacun combattait à ses frais et dépens. On ne levait de tributs que dans les cas extraordinaires. Dans les assemblées générales, comme dans chaque cité où il y avait

[*] V. les gloss.

un sénat, le clergé et la noblesse avaient seuls voix délibérative. Le peuple, sans doute, n'était pas esclave, comme chez les Grecs et chez les Romains; mais, dit César, il ne pouvait rien par lui-même, et n'était admis à aucun conseil. Le plus grand nombre, toutefois, chargé de dettes ou écrasé par les tributs, ou bien encore opprimé par la violence des grands, se donne en servitude aux nobles qui ont alors sur eux les mêmes droits que des maîtres sur leurs esclaves.

Les Romains, par leur conquête, introduisirent l'esclavage qui dura, en Bretagne, jusqu'à la fin du x° siècle. Les servitudes, qui en prirent la place, ne furent pas moins onéreuses pour le peuple. Alors apparurent les fiefs.

Le peuple reçut le nom de roturier, de *ruptura*, rompre ou cultiver la terre. Parmi les roturiers, il y avait les *burgenses* ou bourgeois, habitants des villes et des bourgs; les *manantes*, manants, qui habitaient le plat pays; les *villani*, vilains, qui demeuraient dans les villages et étaient attachés aux fermes.

Ce n'est que par l'emploi abusif qu'on en fit dans la suite que ces noms devinrent injurieux.

Montfort existait avec château et ville enceinte et close de murailles, situé en la paroisse de

Saint-Jean, avec hautes et basses cours du château, tours, tourelles, donjons, bastilles, boulevards, douves, fossés et forteresses; avec les faubourgs de Saint-Jean, de la rue de Gaël, de Saint-Nicolas et de Coulon; avec deux chapelles. Il y avait trois portes, avec ponts-levis dormants et levants, qui étaient les portes de Saint-Jean ou boulevard, de Saint-Nicolas, et de Coulon ou Porte Blanche.

Il y avait palais ou auditoire où, tous les vendredis, s'exerçait la juridiction ordinaire, et tous les mardis, celle des eaux, bois et forêts.

De plus, il y avait de grandes halles à deux étages tant haut que bas, dans lesquelles existait grand nombre d'étaux où tous les marchands de différentes espèces, même les bouchers, boulangers, cuiratiers, merciers et autres, étaient obligés d'étaler leurs marchandises, aux jours de foires ou de marchés et autres jours, sans pouvoir les étaler en aucuns autres lieux, pas même en leur demeurance et maison, sous peine de confiscation et amende.

Le seigneur avait droit de haute, moyenne et basse justice, non seulement dans la ville de Montfort, mais dans toute l'étendue de son comté. Il connaissait de tous les cas tant civils que criminels, excepté ceux réservés au roi. Il avait une justice patibulaire élevée à six poteaux avec sep et collier. Il avait droit d'instituer, par lettres, un sénéchal, un alloué, un lieutenant, un procureur fiscal, des procureurs-sergents, des bailliagers et autres greffiers, des notaires, des arpenteurs et autres officiers, avec droit et pouvoir de tenir plaids, autres jours nouveaux et délivrances.

Il avait le privilége, pour lui, ses officiers, ses hommes et vassaux, de se délivrer par la cour de Rennes au lieu et place de celle de Ploërmel, depuis l'établissement et réglement des présidiaux et barres royales, fors à plaids généraux, au troisième jour après l'heure de midi ; auquel jour, après avoir demandé congé devant personnes et officiers, il avait droit d'avoir audience sans aucune intermission jusqu'à la fin de délivrance de sa personne et de ses vassaux.

Il avait le droit et privilége d'avoir gouverneur, capitaine, lieutenant, gardes et autres officiers, pour la garde de son château, de sa ville et forteresse. Les capitaines et lieutenants pouvaient en son nom contraindre ses hommes et vassaux, jusqu'à trois lieues inclusivement, de venir faire le guet aux portes de Montfort.

Il y avait dans le château office de portier ; c'est-à-dire que le seigneur avait droit de mettre un homme féable qui, par son office, avait la garde de la porte du château et même des prisonniers et malfaiteurs, et pouvait les conduire, garder et ramener du tribunal où se tient la justice jusqu'aux prisons et aux gardes.

Dans la ville, il y avait, entre le mur oriental et les halles, un four à ban auquel étaient tenus de faire cuire leurs pains les habitants des trois paroisses de Saint-Jean, de Saint-Nicolas et de Coulon de Montfort. Il leur était, en conséquence, prohibé et défendu de construire des fours et de porter leurs pains cuire ailleurs qu'au four banal. Ce four était donné à ferme, de deux en deux ans, à éteinte de chandelles.

Dans la ville, il y avait encore un marché fixé au vendredi, ainsi que plusieurs foires à divers jours, savoir : la foire de la St-Jean-Baptiste ; la foire des vendanges, qui avait lieu le mardi d'après la St-Michel ; celles de St-Nicolas d'hiver, du jour de St-Marc et du mardi des Rogations. Pendant ces jours de foires et marchés, ceux qui y allaient, vendaient ou achetaient, étaient en protection et sauvegarde ; car nul ne pouvait les prendre ni les arrêter ou exécuter pour aucunes dettes civiles. Ceux qui auraient attenté à ce droit eussent été dignes de punition et amendables au seigneur, à l'arbitrage et au jugement de ses officiers.

Il y avait, à Montfort, du côté du mur septentrional, un étang, contenant environ cent journaux de terre, avec un moulin auquel étaient tenus de moudre les habitants de la ville et des faubourgs, et même les recteurs et prieurs des trois paroisses et ceux de Bédée, en raison de leurs presbytères.

Il y avait un colombier, avec un terrain contenant six sillons, situé auprès des douves, près l'eau qui coule du moulin de la ville à la rivière du Meu.

Le seigneur était possesseur de la Prée de l'Étang, située au-dessous de l'église Saint-Jean. Pour cause d'elle, il était dû corvées de fauchage, de fanage et de charrois, par les hommes et vassaux du fief sous la prévôté de Blavon, pour le premier jour seulement ; les jours suivants, les hommes et vassaux du bailliage de Lohéac étaient tenus de charroyer le reste du foin dans les étables du château, et s'ils étaient en défaut, le foin était à leur perte et fortune et, de plus, ils étaient amendables ; le seigneur ne leur devait pour leurs dépens et salaire qu'un pain bis.

Celui-ci possédait encore les communs et adjacents l'étang, contenant environ de dix à douze journaux de terre, et les garennes.

Il avait, pour lever les rentes et les devoirs dans l'étendue de sa seigneurie 1° un châtelain ; 2° un grènetier ; 3° un prévôt. Le châtelain devait recueillir les rentes ordinaires et répondre des devoirs ; le grènetier devait recevoir les rentes par grains ; le prévôt, les rentes du domaine.

Les devoirs de coutume se prélevaient sur tous les marchands, merciers, bouchers, boulangers, cuiratiers, drapiers, potiers, cordonniers, etc., lesquels ne pouvaient ni étaler ni vendre ailleurs que sous les halles ou dans les lieux qui leur étaient désignés.

Étaient donnés à ferme par le châtelain, de trois ans en trois ans : 1° la cohue, où tous les grains à vendre devaient être exposés et payer chaque jour le droit d'étalage ; 2° les pressoirs, où les habitants des trois paroisses devaient porter leurs pommes pour être pressées, et devaient lesdits habitants vingt pots de cidre par pipe, c'est-à-dire de dix pots un ; 3° le trépas (passage) de la rue de Coulon, qui consiste en ce que tout marchand qui conduit des marchandises avec des bêtes, doit un denier par chaque bête ; 4° le trépas du terroir, passant par la rue de St-Nicolas, et qui était le même que celui de la rue de Coulon ; 5° le devoir de la foire de Bédée, qui consiste en ce que le prieur de Bédée prélève sur les marchandises exposées en vente deux deniers et que le seigneur de Montfort a la septième partie de la somme.

Voici, d'après un aveu de 1682, les rentes en argent et en grains dues au seigneur, qui se prélevaient dans les trois paroisses de Montfort. La paroisse de Saint-Jean payait : en argent, trente-deux livres, trois sols, quatre deniers; en grains, dix-huit boisseaux de froment. La maison noble de la Catelais devait deux vernelles d'argent armoriées des armes de Montfort. La paroisse de Saint-Nicolas payait deux livres quinze sols. Elle ne devait pas de rentes en grains. Celle de Coulon payait : en argent, trois livres, neuf sols, deux deniers, et, en grains, dix-neuf boisseaux de froment.

Ces rentes, et le produit des fermes et des amendes formaient, pour la ville de Montfort, le revenu féodal du seigneur.

COMMUNAUTÉ DE VILLE.

La communauté est le droit qu'avaient les habitants roturiers des villes et des campagnes de s'administrer eux-mêmes ; et, quoiqu'on en dise, ce droit date d'un temps immémorial pour la Bretagne. Nous le trouvons, dans les plus anciennes paroisses, établi sous le nom de fabriqueurs. C'était le conseil des fabriqueurs qui avait fait bâtir ces beaux monuments religieux que nous admirons aujourd'hui. La nef de ces édifices appartenait aux paroissiens et restait à leur charge. La très-ancienne coutume de Bretagne reconnaît ce droit ; par rapport aux enfants des campagnes elle s'exprime ainsi : « Doivent tous enfants estre pourvus sur les biens du père et de la mère, au cas qu'ils n'auroient sens ne escient d'eux sçavoir pouvoir pour la nécessité d'iceux ; et, en cas qu'ils n'auroient rien, justice les doit pourvoir sur leurs prouchains lignages et sur leurs biens ; et si l'on ne sçavoit sur qui, comme les enfants qui sont jetés, les gens de la paroisse, par les trésoriers leur doivent faire la pourvoyance là où seroient les enfants trouvés, etc. »

Nous voyons dans les actes des XIe et XIIe siècles que, lorsque les seigneurs donnaient aux moines le droit de fonder, sur leurs fiefs, un monastère avec un bourg, ils leur concédaient habituellement toutes les coutumes, à l'exception de celles des bourgeois, *burgenses.*

Ce droit était exercé, en l'an 1000, puisque nous voyons les habitants de Rennes se réunir afin de donner à l'église de St-Pierre, pour la subsistance des chanoines, une bouteille de vin ou d'hydromel, par chaque tonne de quatre ou cinq mesures, qui se vendait dans la ville et les faubourgs, soit sur le fief du comte, soit sur celui des moines, *cujuscunque esset, seu comitis, seu monachorum*[*].

Les ducs de Bretagne reconnaissaient aussi le droit de communauté. «François, duc de Bretaigne, etc., à tous ceulx, etc., de la part de nos bien amez et feaulx les bourgeois, manants et habitants en nostre ville de Rennes, etc.[**]»

Les communautés de paroisses, qui prirent le nom de communes, ne furent appelées que tard à délibérer sur les affaires de l'État. Les bonnes villes reçurent le droit de se faire représenter par des députés, connus sous le nom

[*] Act. Brit., t. I, p. 357.
[**] Acte de 1428.

de députés du Tiers-État. C'est aux États de Ploërmel, tenus en 1309, que nous les voyons paraître en Bretagne, pour la première fois.

Montfort avait communauté de ville composée de juges et officiers, bourgeois, manants et habitants, qui avaient leur procureur-syndic, receveur, miseur des deniers d'octrois destinés aux choses publiques et aux affaires de la communauté, avec un greffier pour enregistrer les remontrances, délibérations et ordonnances. Les remontrances étaient faites par le procureur-syndic et les ordonnances arrêtées à la pluralité des voix et des avis recueillis par le sénéchal du comté, président de droit de la communauté. En son absence, les voix étaient reçues par l'alloué lieutenant ou procureur fiscal et, à défaut de ceux-ci, par le plus ancien syndic ou notable bourgeois. La communauté de ville se rassemblait par l'ordre du procureur-syndic, après avis donné par le sergent et héraut au sénéchal, juges, officiers, bourgeois et habitants de la ville, pour se rendre dans la grande salle haute de la Tour de l'Horloge destinée à cette fin, par les seigneurs comtes de Montfort, et y délibérer tant des affaires du roi que de celles qui concernaient la ville et la communauté. Celle-ci avait un sergent de ville vêtu d'un hoqueton avec les armoiries du seigneur. Les procureurs-syndics, miseurs, greffiers et autres officiers, étaient créés, nommés et établis à la pluralité des voix de la communauté, suivant l'usance ordinaire.

Celle de Montfort avait droit de députer aux États de Bretagne. Elle était convoquée par lettres-patentes du roi, afin d'y envoyer ses députés, qu'on nommait à la majorité des suffrages, pour assister à l'assemblée des trois États, comme les autres bourgeois, manants et habitants des autres bonnes villes royales de Bretagne.

Les bourgeois des communes, des villes et des campagnes, étaient chargés de faire la cueillette de l'impôt. Dans quelques localités, les receveurs levaient la somme fixée sur tel homme qu'il leur plaisait; « et après ledit payement ou auparavant, lesdits manants et habitants cotisent et esgaillent icelle somme sur chacun d'eux, le fort aidant au foible, et la recueillissent comme bon leur semble, sans qu'ils doibvent de lods et ventes ni autres. »

Sous le régime féodal, les principales charges qui pesaient sur le peuple, étaient : les corvées, les dîmes, le guet, la capitation, le fouage et le vingtième.

La capitation (*à capite*) répondait à notre impôt personnel ; le fouage (*à foco*, foyer) n'était pas d'institution ancienne, d'après d'Argentré et M. Pierre Hévin, *focarium non priscum inventum*, et répondait à celui des maisons ou des portes et fenêtres ; le vingtième à l'impôt foncier.

Voici un « rôle de répartition des sommes à lever sur tous les propriétaires des biens fonds de la paroisse de Coulon, évêché de Saint-Malo, tant pour le premier vingtième et les quatre sous pour livre d'icelui de l'année 1781, que pour le second vingtième de l'année 1780, à imposer, par remplacement, en 1781; le tout conformément à l'édit, etc. Collecteurs nommés par les délibérants de la paroisse : Joseph Oresve et consort, etc. »

Art. 1. De Lépinay Lemarchand. . . . . 181.5 s.
Art. 2. Demoiselle Anne Regnier, épouse du sieur Gilbert. 7   4
Art. 3. Les enfants de Joseph Chollet et de Noelle Orain. 2 14
Art. 4. Joseph Legros, fermier de Jeanne Quernet. »   6
Art. 5. Ledit Legros pour propres et acquêts. 5 15
Art. 6. Gilles Perrigault. 8   7
Art. 7. Les héritiers de messire Jean Guillou. . 9   5
Art. 8. La demoiselle veuve Loret. 1   2
Art. 9. Demoiselle Marie Baudet. 23 5

Art. 10. Les demoiselles de Lisle-Baudet, héritières de leur sœur. . . . . 261. » s.
Art. 11. Les enfants de Noel Lebreton. . . . . 2 »
Art. 12. Les héritiers de Mathurin Coqué. . . . 3 6
Art. 13. Julien Monvoisin et femme. 7 10
Art. 14. Jeanne Le Nouvel. 1 4
Art. 15. Les héritiers de Julienne Lehu, veuve Bauger, acquéreur du sieur de Léon. . . . . 5 »
Art. 16. Les héritiers de Guillaume Allain . . . » 6
Art. 17. La demoiselle veuve et enfants du sieur Mouazan de Tremelin. 7 16
Art. 18. Anne Lebreton, veuve de La Roche. . 8 »
Art. 19. François Le Clerc. 1 10
Art. 20. Le sieur Farnier et consorts. . . . . 45 »
Art. 21. Les acquéreurs de demoiselle Margueritte Mouazan. . . . . 2 »
Art. 22. Messire Mathurin Dousseau, pour son titre. 6 »
Art. 23. Ledit sieur Dousseau, pour le surplus de son titre. . . . . 24 »
Art. 24. Jean Le Clerc. . . . . » 15
Art. 25. Joseph Lebreton. . . . . 3 »
Art. 26. Joseph Oresve. 32 6
Art. 27. Anne Oresve, veuve Toupé. 22 15
Art. 28. Les enfants de Marie Oresve, veuve Le Borgne. . . . . 4 »
Art. 29. Julienne Sanson, veuve Tricault. . . . 10 10
Art. 30. Le mineur de Julien Nogues et de Marie Oresve. 8 6
Art. 31. Margueritte Nogues. 7 4
Art. 32. Les enfants de Julienne Thouet, veuve Raffray. . . . . » 15
Art. 33. Guillaume Raffray. . . . . » 10
Art. 34. Id. comme tuteur de Jean et de Jeanne Raffray. 2 8
Art. 35. Noëlle Raffray, veuve Delourme. . . . 3 12
Art. 36. Françoise Bernard, veuve Olivier Dabyot. 5 »
Art. 37. Jean Hubert. 3 7

Art. 38. Joseph Carissant et femme.	2 l.	5 s.
Art. 39 Madame d'Andigné, acquéreur de Marie Mury.	»	15
Art. 40. M. le Marquis de Cintré, rétrayant sur feu Thomas Plaine.	6	12
Art. 41. La veuve Thomas Plaine et enfants.	1	13
Art. 42. Les enfants de Claude Lebreton et Marguerilte Bernard.	4	10
Art. 43. Claude Lebreton fils.	»	10
Art. 44. Les enfants de Mathurin Crespel.	1	13
Art. 45. Jean Crespel.	»	10
Art. 46. Raoul Morel et femme.	1	10
Art. 47. Joseph Dubreuil.	4	10
Art. 48. Joseph Mury.	»	10
Art. 49. Marie Percherel.	1	7
Art. 50. Joseph Perrigault et femme.	1	7
Art. 51. Joseph Le Clerc et femme.	1	7
Art. 52. Françoise Percherel.	1	7
Art. 53. Messire Pierre Nogues, pour son titre.	6	»
Art. 54. Ledit sieur Nogues, pour le surplus de son titre.	17	5
Art. 55. Les héritiers de la veuve de Louis Redin.	4	4
Art. 56. La veuve Mathurin Andrieul et enfants.	7	4
Art. 57. Jean Lambart et femme.	2	8
Art. 58. Jean Percherel.	6	13
Art. 59. Jean Hobé et enfants.	6	»
Art. 60. Allain Bernard.	12	10
Art. 61. Noel Oresve.	2	5
Art. 62. Marthe Dallier, veuve Pierre Oresve et enfants.	4	10
Art. 63. Michel Cochu, du Chesne Herbert.	»	8
Art. 64. La veuve et enfants Pierre Oresve des Couettes, en Cintré.	4	4
Art. 65. Ollivier Demay.	1	2
Art. 66. Guillaume Marquer et enfants.	3	10
Art. 67. Les enfants du sieur Vialars.	4	4
Art. 68. Le sieur de la Tullaye et consorts.	19	»
Art 69. Joseph Orain.	8	»

Art. 70. Noel Simon et femme............	21.	15 s'
Art. 71. Robert Deffains................	1	16
Art. 72. Pierre Oresve, mari de Jeanne Deffains.	1	4
Art. 73. Olivier Bernard................	»	12
Art. 74. Le sieur Ménier................	»	15
Art. 75. Joseph Boscher, fils Pierre........	2	10
Art. 76. Ledit Boscher, pour son enfant......	2	»
Art. 77. Jean et Ollivier Demay...........	1	»
Art. 78. La veuve et enfants d'Ollivier Orain, de la Touche-Fournel................	1	10
Art. 79. Catherine Orain................	1	2
Art. 80. Perrine Boscher, veuve et enfants de Claude Orain.....................	2	10
Art. 81. Pierre Demay, fils Jean...........	»	4
Art. 82. Jean Orain, tuteur des mineurs de Louis Regnault....................	»	5
Art. 83. Julien Le Clerc, fils René.........	4	10
Art. 84. Bertrand Orain, l'aîné............	1	7
Art. 85. Joseph Le Borgne, de la Prise-Fresnel..	1	10
Art. 86. Julienne Demay, veuve Pierre Forest..	1	15
Art. 87. Louis Bernard.................	2	5
Art. 88. François Bernard...............	»	10
Art. 89. La veuve et enfants de Jean Bazy.....	»	16
Art. 90. Antoine Le Borgne..............	»	17
Art. 91. Anne Le Borgne...............	»	13
Art. 92. Jean Cathéline et Jeanne Le Borgne...	»	11
Art. 93. Yves Le Tellier et Margueritte Le Borgne, sa femme....................	»	9
Art. 94. Marie Boscher.................	1	2
Art. 95. La veuve et enfants de Raoul Demeuré.	2	10
Art. 96. L'acquéreur d'Yves Frouger et femme.	»	5
Art. 97. Nicolas Odye et femme...........	1	2
Art. 98. Joseph Nogues de la Haute-Ville....	»	12
Art. 99. Joseph Macé..................	»	12
Art. 100. Les enfants de Julien Bernard, de Lasnière.........................	4	16
Art. 101. Les héritiers d'Antoine Boscher.....	»	18
Art. 102. Pierre Boscher................	4	15

Art. 103. Marie Forest, veuve Margat.	21	5 s
Art. 104. Noel Orain et Nicolle Regnier, sa femme, comme tutrice.	»	16
Art. 105. Jean Robin.	»	5
Art. 106. Jeanne Margat, veuve Jean Bernard, de la Noe-Jehannot.	1	15
Art. 107. Jeanne Bernard.	1	7
Art. 108. Joseph Nogues, de Chevreuil.	1	4
Art. 109. Pierre Dubreil et femme.	»	5
Art. 110. Nicolas Julien.	»	5
Art. 111. Margueritte Demay, veuve Saulnier.	3	6
Art. 112. Jean Odye, de la Ville-ès-Archers.	»	10
Art. 113. Pierre Daunay et Anne Razet, sa femme	»	10
Art. 114. La veuve et enfants de Jean Chollet, de la Ville-ès-Archers.	»	15
Art. 115. Jeanne Simon.	»	5
Art. 116. Jean-Baptiste Jubier.	»	12
Art. 117. Jean Duval, fils.	»	5
Art. 118. Margueritte Simon.	»	7
Art. 119. Pierre Dubreil, mari de Jeanne Macé.	»	12
Art. 120. Pierre Nogues, de la Noe Jehannot.	1	2
Art. 121. Jean Josnou.	»	16
Art. 122. Raoul Berhault.	»	15
Art. 123. Les héritiers de Noel Oresve et de Julienne Bigot.	»	15
Art. 124. Yves Josnou.	»	6
Art. 125. Jean Maudet, de l'Hôtel-Rocher.	»	16
Art. 126. Jeanne Rouxel, veuve Guillaume Bauger	1	2
Art. 127. Marie Le Feuvre, veuve Noel Simon.	»	8
Art. 128. Les enfants de Pierre Forest.	»	10
Art. 129. Les enfants de Julien Thomas.	»	15
Art. 130. La veuve et enfants d'Allain Deffains, pour propres et acquêt.	3	5
Art. 131. Gabriel Deffains.	1	15
Art. 132. Joseph Cottin et Marie Deffains.	1	15
Art. 133. Pierre Corbes.	2	10
Art. 134. Margueritte Macé, veuve Raoul Demeuré.	1	4

Art. 135. Marie-Thomas. . . . . » l. 5 s.
Art. 136. La veuve et enfants de Bertrand Orain,
le jeune. 1   10
Art. 137. Jean Margat. . . . . »   5
Art. 138. Nicolas Boscher, acquéreur de Jean
Mury. . . . . »   15

Total. . . . . 543 l. 7s.

Un rôle des fouages et de la capitation des trois paroisses de Montfort, antérieur à celui-ci, contient : pour la paroisse de Coulon, 100 articles évalués à 401 livres 5 sous 8 deniers; pour la paroisse de Saint-Nicolas, 55 articles, donnant une somme de 233 livres 16 sous 4 deniers; et pour la paroisse de Saint-Jean, 103 articles, donnant une somme d'environ 564 livres. Le premier feuillet du rôle est perdu jusqu'à l'article 17.

Les domestiques des deux sexes étaient taxés à 30 sous dans la capitation. Il y avait une déduction de 5 sous 4 deniers par chaque domestique des recteurs, à cause du casernement. Les domestiques des religieuses jouissaient du même privilége.

Les employés recevaient six deniers pour livre.

Voici, pour terminer, une liste des principales familles qui habitaient les trois paroisses de Montfort, au xvii° siècle.

PAROISSE SAINT-JEAN.

1° Raoul Hindré, époux de Félicité Grandais, sieur de la Cordonnais, en Iffendic, était procureur fiscal et châtelain de Montfort. Il avait un frère, Pierre Hindré, recteur de Saint-Jean et doyen de Montfort. Cette famille est éteinte et aujourd'hui fondue dans plusieurs autres et surtout dans celle de M. Lesné, de Montfort.

2° César Grandais, époux de Renée Morel, sieur de la Ville-au-Manoir. Cette famille est éteinte.

3° M. Pierre Rigour, époux de Marie Boullier.

4° Jean Denizot, sieur des Cormiers.

5° Ecuyer... Piédeloup et Jeanne Lemoine sa femme, sieur du Rocher.

6° Jean-Baptiste Grignion, époux de Jeanne Robert, sieur de la Bachelcraye, était le père du vénérable Louis Grignion, de Montfort. Cette famille est éteinte et s'est fondue dans la famille Boisgontier de Montfort.

7° M. Olivier Orris, époux de Jeanne de La Noë, était le père du Père Candide de Saint-Pierre, religieux Carme de Rennes, auteur d'un poëme sur Saint-Méen et d'un récit sur la cane de Montfort.

8° Roch Saulnier, époux d'Ysabelle Lemoine, sieur des Fouteaux.

9° Écuyer... Joubin, époux de Jeanne Le Portier, sieur de La Motte.

10° Pierre Lemarchand, époux de Perrine Hindré, sieur de La Roucinière.

11° Yves Hobé, époux de Henriette Hindré, sieur du Val. Famille éteinte, comme toutes les précédentes.

12° M. Jean Oresve, époux de Florance Martin. Cette famille existe encore à Plélan.

13° Mathurin Gauvain, sieur de La Foye.

14° René Letourneux, sieur des Plesses.

15° M. Jean Mouazan.

Aucune famille de cette époque n'existe aujourd'hui dans la paroisse de Saint-Jean.

PAROISSE SAINT-NICOLAS.

1° René Gilles, époux de Guillemette Toupé.

2° M. Jean Flot, époux d'Olive Leborgne. Famille éteinte.

3° Messire Olivier Rocher.

4° M. Olivier Baudet, époux de Françoise Bernard. Cette famille est éteinte et fondue dans les familles Juguet, Lesné, etc.

5° M. Julien de La Noë, époux de Jeanne

Letournoux, sieur des Closeaux. Cette famille existe encore, en Pacé.

6° M. Jean Regnier, époux de Jeanne Baudet.

7° M. Salmon Houée, époux d'Olive Samel, sieur du Bois-Frémont. Cette famille, ainsi que la précédente, est éteinte.

PAROISSE DE COULON.

1° M. Alain Oresve, sieur du Manoir. Famille éteinte.

2° Guillaume Lemoine, sieur des Grippeaux, sénéchal de Montfort. Cette famille est éteinte et s'est fondue dans la famille d'Andigné.

3° Jean Leclerc. Cette famille, nombreuse alors, existe encore.

4° Jean Bernard. Famille aisée et nombreuse.

5° Jean Robert. Il n'existe plus aucun membre de cette famille, ni de celle ci-dessus.

6° Pierre Oresve et Jeanne Bernard sa femme. Famille nombreuse, du village de La Prise. On la trouve, dans cet endroit, dès le milieu du xvi° siècle. Elle est la plus ancienne de Montfort à n'avoir point quitté sa localité.

Par cet exposé, on voit que la population,

même depuis 80 ans, a changé presque complètement.

Voici quels sont aujourd'hui les noms des principales familles de Montfort : Alliou, Beauce, Bernier, Corbes, Cottin, Davoine, Boisgontier, Dreuslin, Duhil, Feutrier, Graland, Guicheteau, Huré, Juguet, Labbé, Lebret, Lebreton, Lesné, Maudet, Métairie, Monvoisin, Mottais, Peschart, Petitpas, Poignand, Rastel, l'abbé Saulnier, Simon, Thomas, Turin, etc.

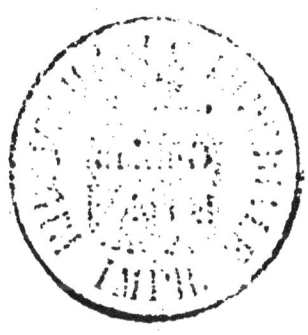

PIÈCES JUSTIFICATIVES.

Note 1, page 24.

Vidit in sommiis esse constitutum montem excelsissimum, in medio suæ regionis Britanniæ, per quem ambulandi callis difficilis inveniebatur ; et ibi in cacumine montis, in cathedrâ eburneâ, in conspectu ei erat stans postis miræ magnitudinis, in modum columnæ rotundæ, radicatus radicibus in terrâ, firmatus ramis in cœlo. Dimidium inferius erat ferreum, splendens ut stannum candidissimum et meratum in quo, per totum circuitum, infixi et inscrati erant clavuli ferrei curvi, pleni loricarum, cassidarum, cristarum, pharetrarum plenarum sagittarum ; pleni gladiorum, mecherarum, loricarum, lancularum, pilorum ; pleni sparorum, frenorum, sellarum, chamorum, tubarum atque scutorum, quivis ejusque. Altera columna : dimidium superius erat aureum, lucens ut pharus anglicus, in quo, per totum circuitum, infixi et inserti erant clavuli aurei curvi, pleni candelabrorum, thuribulorum, mistialorum, stolarum, calicium, evangeliorum. Illo autem illic orante, omne apertum est cœlum et continuo vidit juxta se filiam Ausochi, Pritellam nomine, puellam pulcherrimam, quæ festinanter, more servili, salutavit eum dicens : Avo, dux Judhaëlo, quomodo tibi ista mihi à conditore mirò prædestinatum est huc venire, ut à te, non ab alio, mihi, non alii, hic postis ornamentisque compositus per aliquod spatium in custodiam tradi debeat. Et quùm locuta fuisset hæc verba, clausum est cœlum, et ipse Judhaëlus evigilans è somno et manè consurgens cœpit intrà se memorari et mirari visionis suæ.

Et protinùs misit aliquem sibi fidelem ad provinciam Werochi, ad locum Gildæ ubi erat religione suâ peregrinus et exul, transmarinamque colens, Taliosenus, chaldæus, fictis donis fatidicus, præsagacissimus per divinationem præsagiorum, cum præconio mirabili, fortunatas vitas et infortunatas disserebat. Consuluit eum, invocans per hanc simplicem invocationem, quasi Judhaëlus præscripserat, dicens : commentor optime conjectorum, vide somnium mirabile, quod narrans multis, à nemine audivi interpretationem ejus. Et per totum, ut antè relatum, enarrans nuncius Talioseno somnium domini sui Judhaëli de poste et ornamentis ejus, tunc Taliosenus è contrà respondens dixit : somnium quod audio mirabile est, et rem mirabilem significat et denuntiat ; hoc est : Dominus tuus Judhaëlus bonus et felix in regnum suum sedet et regnat ; et est filia Ausochi filium meliorem se et multò feliciorem se in regno terrestri et cœlesti habebit ; de quo, Deo donante, oriundi sunt filii fortissimi totius nationis Britonum ; ex quibus orientur comites regales et sacerdotes cœlicolæ, quibus obedient et servient gubernaculi patris successores per totam regionem, à minimo usque ad maximum ; et filius protogenus, de quo ortus est sermo, multùm prævalebit in militiam terrenam et eximiè in militiam cœlicolam ; initium enim seculare et consummationem deicolam habebit ; laïcus militabit sœculo, clericus serviet Deo.

Judhaëlus autem comes regalis, auditâ hac voce, assumpsit lœtitiam magnam et ampliùs quam putabatur adamavit puellam antè dictam, insertionem inclytam visionis ingenuæ et postulatam eam à parentibus, cum benedictione et licentia parentali, ut inclytus procus, juvenili ætate florens, duxit in matrimonium, et quùm cognovisset eam Judhaëlus ex eâ suscepit filium.

Et postquam tempus pariendi advenerit, ducite puerum regium ad sacerdotem Dei patrinum suum, Goednonum nomine, et ibi circumcisus ex fonte elevabitur baptisandus à patrino suo antè dicto, sicut mihi revelatum est in visione sanctâ et vocabitur nomen ejus Judicaëlus Judhaëli filius.................

Patre namque ipsius Judhaëlo mortis incursu decedente, claris parentibus clarior succedens regio in culmine, humilitatis palman non abjecit tanto fascis sub pondere..............

Hic enim juris et injuriæ sceptrum tenens, tyrannicam potestatem non exercuit. Verùm contrà pessimorum principum morem, pietatis et justitiæ cultor religiosus extitit. Ad parcendum militibus mitem, veniamque postulantibus se præbuit exorabilem : contrà superborum autem arrogantiam debellandam terror timoris in eo apparuit, qui nimirum ad pervertendum judicium personam non suscipiendam didicerat. Licet enim præpeditus teneretur curâ regiminis, persæpè tamen consueverat divinis sermonibus audiendis vacare.........

Sed idem Judicaël cum regnare cœpisset, post aliquod tempus comam capitis radens clerificatus est : quæ tamen devotionis ejus tonsura non multo tempore in illo mansit. Nam fertur quod post hac crinem sibi crescere dimisisset et ad laicum revertisset habitum.........

Tempore quo Dagobertus, Gallorum rex, et Judicaëlus, Britannorum Armoricanorum rex, regnabant et eorum quilibet suum regnum per se divisum ab antiquis temporibus cum omni honore et libertate possidebat, quædam inter eos dissensio orta fuit occasione jurium regalium Britanniæ, quæ Dagobertus usurpare nisus fuit.........

Partesque cenomensis ingressus Judicaëlus cum exercitu suo patriam hinc indé ubique vastare cœpit.

Rogatus à rege (Dagoberto) eligius legatione fungi in partibus Britanniæ....... Britannum principem adiit, causas pacti indicavit, pacis obsidem recepit; et cùm nonnulli jurgia inter eos vel bella sibi mutuò indicere æstimarent, tantô præfatum principem benignitate, mansuetudine, lenitate attraxit, ut etiam eum secum adducere facilè suaderet. Commoratus ibidem aliquandiù rediens, demùm perduxit secum regem cum multo exercitu generis sui, eumque Crioillo in villa regis francorum præsentare pacificè confederavit qui copiosa munera intulit, sed uberiùs muneratus rediit ad propria..........

Quodam nocturno tempore, pluviarum inundantiâ imminente, dum rex Judicaëlus cum equitatu suo quadam rediret de expeditione pervenit ad quoddam flumen rapidissimum, quod ex necessitate ab equitantibus restabat transeundum. Rex autem, aliis præcedentibus, cum paucis post terga suorum sequebatur : et ecce in orâ fluminis quasi quidam leprosus astitit, qui Christus Jesus in rei veritate venerat se leprosum non sine causâ typicè demonstrare. Volebat enim servum suum sic honoris excellentiâ glorificare, ut qui membra illius susceperat, non dubitaret se caput in membris suscepisse. Quem cùm omnes nullo auxilio sublevatum præteriissent, neque ultra flumen translulissent, illicò Judicaëlus postremus in agmine accedens amplexatus est eum, et super equum bajulando ultra flumen transvexit. Quo peracto leprosus qui putabatur numquam comparuit; sed vox desuper in aere hæc modo personuit : beatus est, serve meus Judicaële, erisque beatior, quia sicut me inter homines exaltasti in mundo, sic te ego inter angelos in cœlis exaltabo : et quia me sub pauperis formâ suscipere non renuisti, ad cumulandum tui nominis gloriam memetipsùm tibi sub habitu servili ostendere non abhorui.........

Beatus itaque Christi servus Judicaëlus ex quo vocem divinam hoc modo sibi prolatam percepit, zelo ferventiore succensus in Christo, firmâ ratione secum decrevit nullâ occasione amplius morari in sæculo, ne percellentis vitæ flatu lœderetur aliquo...

Sicque factum est ut ad quemdam Dei servum, nomine Caroth, veniens consilium ab eo de hac re devotus quæreret. Qui mox saluberrimis cum monitis hortatus est regnum dimittere sœculare, sibique fratrem esse Judocum nomine, qui illud regere bene posset, indicavit. Decretum est igitur à præfato rege Judicaëlo, ut frater ejus Judocus regnum suscipere deberet idem. Sed hoc benedictus domini Judocus minimè assentiens inducias octo dierum poposcit, aliud scilicet interim eligere disponens.........

Vir (Judicaëlus) igitur totâ mente Deo cum debitæ venerationis officio susceptus est à beato Mevenuo adhuc superstite, qui religionis merito apud Deum et homines clarus habebatur illo tempore. Rebus itaque propriis pauperibus erogatis, aut in usus fratrum monasterio concessis, liber et absolutus ab omni onere sœculari humilitatis cervicem obedientiæ jugo substravit. Et qui velut magister leges populo innumerabili priùs dederat, modo post factus discipulus ad præceptum magistri aurem pii cordis inclinat.........

Cùm igitur moderator omnium Deus beati Judicaëlis militis sui gloriosum agonem finiendum, remunerandumque coronâ regiâ decrevisset, et ipse divini consilii non expers diem ultimum sibi adesse non ignoraret, vir catholicus et in veræ dilectionis radice totâ mente fundatus convocavit in unum fratres et se orationibus eorum devotè commendavit. Aderant plures viri religiosi, inter quos Leocus Laumorinus confessor Domini gloriosus, et à beato Judicaëlo maximè invitatus adfuit, de cujus manu communionis hostiam, sacrum scilicet viaticum corporis et sanguinis Domini suscepit. Talibus igitur beata illa anima munita præsidiis, circà mediam horam noctis Dominicæ antè Nativitatem Domini nostri Jesu-Christi angelicis manibus decoranda exivit de corpore, et sic ad Deum quem semper optaverat, migravit in pace. Protinùs è diversis partibus fit concursus ad monasterium : ibi priores illi, qui affuerant, beati viri corpus cum divinis laudibus observabant. Nec mora, triplex ordo colligitur, ut qui

Trinitatis in uno verus cultor extiterat, tripliciter honoretur, Adsunt episcopi cum clericis, abbas etiam cum monachis, necnon et plures nobiles et ignobiles laici. Adest cum cognatis et clientibus filiorum ac nepotum lamentabilis cœtus. Subsequuntur pauperes viduæ et orphani, qui flentes et ejulantes voces tollunt ad sydera. Sic expletis funeribus, vel potiùs triumphalibus exequiis, sepulturæ traditur corpus beatissimi confessoris.

Note 2, page 34.

In nomine Sanctæ et individuæ Trinitatis Salomon gratia Dei totius Britanniæ magnæque partis Galliarum princeps. Notum sit cunctis Britanniæ tam episcopis quam sacerdotibus totique clero, necnon etiam comitibus cœterisque nobilissimis ducibus, fortissimisque militibus, omnibusque nostræ ditioni subditis, quomodo venerabilis Ritcandus abbas cum aliquibus ex suis monachis, omnium tamem cœterorum monachorum petitionem deferens, nostram adiit præsentiam in monasterio meo quod est in Plebi-lan ubi ego antea meam aulam habui, sed infestantibus Normannis, Conwoion abbas cum precatu suorum monachorum non semel nec bis locum refugii antè Normannos sibi suisque monachis postulans nos venerabilemque nostram conjugem Guenwreth adiens petiit; quibus assensum prœbentes non solùm supradictam aulam eis tradidimus, sed etiam in eodem loco monasterium non ignobile ex nostro publico in honore S. Salvatoris ad refug'um supradictis monachis pro hœreditate cœlesti et redemptione animarum nostrarum, necnon et pro nostræ prolis præsenti perpetuôque prosperitate totiusque regni nostri fideliumque nostrorum tranquillissimô stabilitate construere jussimus, quem etiam locum monasterium Salomonis vocare volumus; in quo etiam reverentissimus abbas Conwoion sepultus jacet, ibi et venerabilis nostra conjuœ Guenwret honorificè sepulta quiescit, in quo etiam et ego, si piissima Dei clementia mihi concedere dignata fuerit, corpus meum sepeliendum cum consilio Britanniæ nobilium tam sacerdotum quam laicorum devovi. Necnon ad augmentum felicitatis et pacis totius Britanniæ munus à Deo maximum nobis transmissum præteritis temporibus nostræ evenisse genti inauditum sanctissimum collocare feci Maxencium, luctus Aquitaniæ, lux, laus honor Britanniæ. Ad quem etiam locum causâ orationis S. Salvatoris venerabilisque Maxentii veniens XV kal. Maii die resurrectionis Salvatoris nostri quantum tunc libuit nostro sensui aliqua munera ex nostro thesauro pro regno Dei et redemptione animæ nostræ regnique nostri stabilitate mecum obtuli supradicto S. Salvatori ac S. Maxentio et supradictis monachis, id est calicem aureum ex auro obrizo mirifico opere fabricatum habentem CCCXIII gemmas pensantem X libras et solidum I et patenam ejus auream habentem gemmas CXLV pensantem VII libras ac semis et textum evangeliorum cum capsâ aureâ mirificè fabricatô pensantem V libras, habentem CXX gemmas, et crucem auream magnam miri operis habentem XXIII libras et CCCLXX gemmas et unam capsam ex ebore indico mirabiliter incisam et (quod his pretiosiùs est) præclarissimis reliquiis sanctorum plenam; casulamque sacerdotalem pretiosam, extrinsecùs interstinctê ex auro coopertam, quam mihi meus compater piissimus rex Carolus pro magno, sicut est, transmisit dono; miræque magnitudinis pallium ad ipsius sancti corpus desuper operiendum et ad cumulum miraculi, virtute tamen S. Maxentii antè se Deo providente Britanniæ missum ipsum sancti adjutoris evangelium ex ebore pario et auro honorificè redimitum. Necnon et librum sacramentorum quondam, et nunc similiter, ipsius sancti ex ebore indico circumtextum. Alium quoque librum ex argento et auro intùs forisque ornatum, vitamque ipsius sancti Maxentii prosaicè et metricè compositam, vitamque sancti Leodegarii martyris continentem. Exceptis aliis donis quæ antè jam dederam, id est, altare ex argento auroque paratum, et crucem argenteam ex uno parte, ex alterâ parte imaginem Salvatoris ex auro optimo et gemmis coopertam habentem ; et alteram crucem minorem ex auro et gemmis coopertam, et duo vestimenta sacerdotalia ex purpurâ pretiosâ, et III clocas miræ magnitudinis. Eodem die supradictus Ritcandus abbas cum suis monachis veniens precatus est nos ut quidquid antecessores nostri Nominoe videlicet et Érispoe ei dederunt, et quod ipse dedi, necnon et quod alii boni et nobiles viri unusquisque secundum mensuram dederunt aut daturi sunt S. Salvatori ac monachis ex supradictis monasteriis sub regulâ sancti benedicti Deo servientibus sub nostra defensione, regali more, recipere dignaremur, et propter hoc in supradictorum omnium eleemosynis absque ambiguitate participes efficeremur, et quidquid nostro dominio ex abbatia S. Salvatoris recipiebatur ex illorum hominibus tam colonis quam servis sive ingenuis super ipsorum terram commanentibus, tam de pratis et silvis et aquis, necnon et forestis, pro mercede in vitâ æternâ centupli illis perdonaremus. Quorum petitioni faventes, cum consilio nostrorum nobilium, eis totum et ad integrum quantum mihi meisque hominibus ex illorum abbatiâ debebatur, tam ex pastu caballorum, et canum quam de angariis, et de omni debito indulsimus pro regno Dei, et pro redemptione animæ meæ et parentum meorum et filiorum, et pro totius Britannici regni stabilitate. Itâ ex meo dominio illorum potestati trado atque transfundo, ut quidquid exindè nostræ utilitati percipiebatur, totum in illorum utilitatibus ac stipendiis fratrum proficiet, quatenùs ipsis monachis pro nostrô populique christiani salute lætiùs ac devotiùs Domini misericordiam exorare delictet. Et ne quis ex hac die eos de hac re inquietare præsumat, nostris et futuris temporibus, interdicimus, statuimus etiam ac jubemus ut causa vel querela quæ contra eos tempore Conwoioni abbatis de monachiâ vel de hominibus illorum seu contra homines eorum ventilata non fuerit, nunquam ventiletur, neque commeatus quislibet ab hominibus illorum negotia eorum sive terrâ, sive mari, sive quibuscumque fluminibus exercentibus aliquem teloneum vel censum aut aliquam redhibitionem accipere, sed omnia in utilitate supradictorum monachorum proficiant. Factum est hoc in pago nuncupante trans sylvam, in Plebe quæ vocatur Loan, in monasterio supradicto buod vocatur monasterium Salomonis xv kal. maii I feria luna I ind. II anno ab Incarn. Dom. DCCCLXIX. Salomon totius Britanniæ princeps qui hanc donationem dedit firmareque rogavit, testis. Ritcandus abbas qui accepit t. Rivallon et Guegon, filii supradicti Salomonis tt. Ratuili, episcopus Aletis t. Pascweten t. Bran t. Nominoe, filius Bodwan t. Roenvallon, filius Bescan t. Drehoiarn t. Jarnuvocon, filius ejus t. Ratfred t. Tanctherth t. Hinwalard t. Cathworet t. Hetruiarn t. Sider t. Trethien t. Kenmarhoc t. Guethenoc t. Arvidoë t. Saluden t. Hetrhewedoë t. Hidran t. Gleudalan t. Koledoc t. Balanau t. Arthnou t. Eucant t. Woran t. Gleuchourant t. Roënvallon, abbas t. Ludhoccar, presb. t. Bili, clericus t. Convoion, clericus t. Haëlican, presb. t, Egreval, presb. t. Ricart, presb. t.

Note 3, page 103.

Anno ab Incarnatione Domini MCLII, etc. sortita est initium ecclesia beati Jacobi de Montfort, primo autem die mensis maii festo scilicet apostolorum Philippi et Jacobi Gaufridus, junior filius Guillelmi, domini Monfortensis, primum imposuit lapidem ad construendum ejusdem ecclesiæ fundamentum, Radulphus vero major fil. ejusdem Guillelmi lapidem secundum apposuit, tertium autem ipse Guillelmus qui ejusdem domus fundator extitit præcipuus, et eam ad usum canonicorum ibidem Deo regulariter servientium de propriis redditibus devotissimè studuit ampliare, quartum verò lapidem Amicia uxor ipsius Guillelmi apposuit.

Quarto sequenti anno, comes Conanus Alani comitis filius ab Angliâ mensi septembri in Minorem Britanniam transfretavit, in quo mense Joannes Macloviensis episcopus septimo decimo kal. novembris majus altare ejusdem ecclesiæ consecravit. In vigiliâ autem sequentis Pentecostes sœpèdictus Guillelmus, suscepto in eadem domo habitu regulari, in confessionne S. Trinitatis migravit ad Dominum.

Successit autem in locum ipsius Radulphus major filius ejus egregiœ indolis adolescens, sub cujus tempore, quinto scilicèt anno, dominicâ primâ augusti mensis Joannes Macloviensis episcopus, consummatœ vir religionis, conventu celebri tam clericorum quam laicarum personarum eumdem locum visitavit, et ipso die ibidem cimeterium fecit, et priorem loci illius Bernardum primum abbatem constituit; ibid. vero Amicia domina Montfortensis, filiis suis Radulpho et Gaufrido concedentibus, terram Isacor Rogel ecclesiœ beati Jacobi liberè et quietè donavit. Eodem anno Radulphus Monfortensis dominus hominem exivit. Cùm autem appropinquaret dies ejus, terram Magoir, concedente fratre suo Gaufrido, eidem ecclesiœ dedit, necnon et totum feodum Pasquer, et adpositus est ad patres suos et sepultus est in capitulo ejusdem ecclesiœ juxtà sepulchrum patris sui xii kal. decembris.

Note 4, page 106.

Quoniam mediator Dei et hominum Jesus-Christus pro peccatoribus salvandis impiisque justificandis descendit ad terram quibus remediis salus atque justitia eisdem insinuavit dicens : estote misericordes quia et pater vester misericors est : et iterùm beati misericordes quoniam ipsi misericordiam consequentur. Et illud : facite vobis amicos de mammonâ iniquitatis ut recipiant vos in œterna tabernacula et rursùm : sicut aqua extinguit ignem, ita eleemosyna extinguit peccatum. Hæc igitur omnia ego Guillelmus Monfortensis Dominus audiens et voci Domini obedire cupiens, quatènus ab eodem misericordiœ fonte peccatorum meorum remissionem adipisci valerem, ad ipsius jugem laudem contuli quœdam ex his quœ mihi hœreditario jure pertinebant in eleemosynam tam mihi quam prœdecessoribus meis in perpetuum profutura, quibus et ipsius servitium in ecclesiâ Sancti Jacobi frequens haberetur; illicque Deo famulantibus subsidium exhiberetur. Sunt autem hæc quæ volo tam præsentes quam futuri agnoscant, agnitaque omnes tam ecclesiastic s quam sæculares personas obnixò deprecor ut pro Dei amore integra conservare conentur.

Contuli siquidem ecclesiæ Sancti Jacobi fratrique Bernardo quondam capellano nostro fratribusque canonici regularibus eorumque successoribus in perpetuum furnum in Monforto, et decimam novi molendini, et decimam frumentagii, vinearum et ortorum, et deciman forestæ ad Collum, necnon et mediam partem passagii Monfortensis, et venditionem panis et vini.

Dedi etiam in territorio de Gaël terram Præsteboiii, terram Charbonnel, terram Foloheel, terram Eveni et Garnerii de Noa, terram Dodelensium, terram filiorum Rivaldi de Landa, terram filiorum Judicaëlis filii Moysen.

In Faut. Guillermi terram et terram Bodini, terram Albertensius, terram Finido, terram Guillermi presbyteri de Borrigath, terram Illiso de Bren, terram Danielis Candidi, terram Gerberti de Brengelin, terram Helenam filii Delisci.

Dedi quoque eis decimam prandiorum et censuum hospitiorum videlicèt frumenti et nummorum de Talencach et de Monterfi. Dedi eis etiam locum et terram de Guinelmor cum appenditiis suis et terram juxtà forestam de Tremelin et molendinum in Romeliaco.

Dedi eis in Santeleio terram Orene de Curia, in Bedesco terram Gauffridi filii Gorrandi et in Bretulio duas meisterias quas emeram à Conano Rotandi filio de Guinen, ipso eodem ecclesiæ concedente et confirmante ut frater ecclesiæ et particeps beneficiorum esset.

Dedi etiam eis in parrochia Sancti Gillaci terram Joannis filii Mein, terram Reutadri, terram Guillelmi de Michao, terram Pascherii, terram Hungunar, terram Ervol, terram Judicaëlis, terram Hefredi, terram Gorrandi, terram Gaufridi Trumel et campum Eveni filii Bellisent.

Hæc omnia annuente uxore meâ Amiciâ concedentibus quoque filiis ac fratribus meis dedi liberè absque alicujus dominii retentione.

Placuit etiam mihi in hoc meo scripto annotare dona quæ uxor mea et viri feodati in præsentiâ meâ, me annuente, prælibata contulerunt ecclesiæ, ut omnibus notum sit beneficia illius, non solùm quæ in præsenti habent, verum etiam quæcumque in posterùm adipisci poterunt, meæ esse concessionis ac beneplaciti, meque Dominum rogare, quamvis peccator sim, ut multiplicantibus ac conservantibus ea ab ipso vita donetur æterna.

Dedit igitur Amicia, uxor mea, in Gaël venditionem panis et carnis, in Talensach molendinum, in Santeleio terram juxtâ burgum, in vineis Gauffridi filii Bino et participum....... in terra Bernerii unum quarterium frumenti....... Lehefaut concedentibus filiis dedit in Talencach terram juxtâ forestam, Herveus filius Ricaldi concedentibus filiis dedi campum juxta cymiterium Menfinitus Hugonis filius pro animâ fratris sui dedit terram ad faciendam domum molendinum. Petrus filius Urvoi venatoris dedit jus suum quod habebat in Valle et in Villâ Auberti et terram quamdam in parrochiâ Mauron. In burgo de Bretuil Guillelmus sacerdos dedit quamdam domum quam ego ipse illi dederam. In Gevreti Joannes filius Truselli concedentibus fratribus dedit decimam feudo Espergat pro anima Rafredi fratris sui. In Irrodoir Gaufridus filius Ulrici dedit terram Capellæ. In Bedesco Dualenus filius Blanchæ, concedentibus filiis et fratre, concedit jus suum quod habebat in loco Sancti Jacobi. Corninellus dedit vineam juxtà aquam Modani. Hubertus dedit vineam, concedentibus filiis. In castro Monfortensi Daniel cognomine Brito dedit domos quas habebat de feodo Flohardi et cum his omnibus proprium filium obtulit Ecclesiæ. In parrochiâ Collum Radulphus sacerdos de Paci dedit vineam. Soror Maria ecclesiæ ejusdem conversa dedit vineam unam. Radulphus et Revellonus filii Rothardi, concedentibus filiis dederunt tres quartellos frumenti..... Hodia dedit casamentum suum, concedentibus dominis suis et propinquis. In Santeleio Herveus sacerdos de Capella dedit terram Secheri. Petrus filius Trehoredi dedit prœbendarium frumenti in terrâ fratris Eudonis Rigidi. In Gaëlo Hugo filius Respel dedit quidquid juris hœreditarii habebat. Herveus filius David dedit duo casamenta. In Helifaut Clamarius dedit campum cum casamento suo, concedentibus dominis et filio; In parrochiâ de Mauron Guillelmus Sellarius dedit campum, concedentibus filiis ac dominis. Revellonus et Jarnogotus filii Hamelin dederunt campum juxtâ Musterbio. Radulphus filius Jarnogoti vendidit casamentum in Cihilidre. Truscand filius Tuall dedit cum filio suo tria casamenta in burgo Sancti Laveri. Jarnogodus frater Demorandi dedit casamentum Fevreri. In Sancto Magaldo Gaufridus Fevreri dedit campum, concedentibus filiis suis. Tres filii Bernardi dederunt decimam suam, duo vero reliqui Gauterius et Herveus in vadimonium tradiderunt suam partem pro novem solidis.

FIN.

TABLE DES MATIERES.

	Pages.
Notice chorologique.	9
Cité des Curiosolites	11
Le Poutrécoet	14
Domaine royal	16
Châteaux royaux	17
Légende de saint Judicael.	23
Charte de fondation du monastère de Salomon, à Piélan.	34
Forêt	41
Fontaine de Baranton.	48
L'enchanteur Merlin	51
Eon de l'Etoile.	52
Le Chêne au Vendeur.	58
La Croix Robert	65
Monuments celtiques.	71
Monuments romains.	76
La linguistique.	79
Destruction du Poutrécoet.	85
Partage du Poutrécoet	87
Gael.	91
Montfort.	96
Généalogie des seigneurs de Montfort.	99
Fondation de l'abbaye de Saint-Jacques.	103
Dotation de l'abbaye de Saint-Jacques.	106
Montfort rebâti.	139
Cane de Montfort.	144
Suite de la généalogie des seigneurs de Montfort.	158
Montfort au temps de la Ligue.	200
Etendue du comté de Montfort	205
Vente et aliénation des biens et de la seigneurie de Montfort	221
Généalogie de la famille Huchet.	243
Paroisses de Montfort.	246
Généalogie de la famille Grignion	266
Montfort sous le régime féodal.	269
Pièces justificatives	291

FIN DE LA TABLE DES MATIÈRES.

Montfort, Imprimerie et Librairie de A. AUPETIT.

www.ingramcontent.com/pod-product-compliance
Lightning Source LLC
Chambersburg PA
CBHW071531160426
43196CB00010B/1732